Deutschbuch

Orientierungswissen

Neue Grundausgabe

Herausgegeben von
Bernd Schurf und
Andrea Wagener

Cornelsen

1 Sprechen und schreiben

1.1 Erzählen 5
    anschaulich 5 – nacherzählen 7
    Erzählkern ausgestalten 7
    Geschichte weitererzählen 8
    nach Bildern erzählen 9
1.2 Berichten 9
    über einen Unfall 10
    ein Ereignis 10
    ein Praktikum 11
    protokollieren 12
1.3 Beschreiben 13
    Weg – Gegenstand 13
    Person 14 – Tier 15
    Vorgang 16 – Bild 17
1.4 Inhalte zusammenfassen 18
1.5 Briefe schreiben 19
1.6 Sich bewerben und vorstellen..... 21
1.7 Diskutieren und
    argumentieren 25
1.8 Erörtern 26
    steigernd (linear) 27
    kontrovers 28 – textgebunden 29
1.9 Zitieren und Quellen angeben 30
1.10 Texte analysieren und
    interpretieren 31

2 Umgang mit Texten und Medien

2.1 Prosa – erzählende Literatur 43
    Anekdote 43
    Kalendergeschichte 43
    Märchen 44 – Fabel 45
    Lügen- und Schelmen-
    geschichte 45 – Sage 46
    Kurzgeschichte 46
    Novelle 46 – Parabel 47
    Satire 47 – Roman 47
    Merkmale des Erzählens 48
2.2 Lyrik – Gedichte................... 50
2.3 Drama – Schauspiel – Theater..... 57
2.4 Eine kurze Geschichte
    der deutschen Literatur 60
2.5 (Neue) Medien 74
    Zeitung 74 – Radio 77
    Film, Fernsehen, Werbung 78
    Internet 82

3 Rechtschreibung und Zeichensetzung

3.1 Tipps............................. 84
    Fehlerarten 84 – nachschlagen 86
    Rechtschreibung am PC 87
    Rechtschreibkartei 87 – ähnliche
    Laute – Silbentrennung 88
3.2 Laut- und Buchstaben-Regeln 89
    kurze / lange Vokale 89
    s-Laut 90 – *f-/w*-Laut 91
3.3 Wort-Regeln...................... 91
    Groß- und Kleinschreibung 91
    Getrennt- und Zusammen-
    schreibung – Fremdwörter 94
3.4 Zeichensetzung 96
    Komma 96 – Apostroph 97

4 Grammatik – Nachdenken über Sprache

4.1	Wortarten	98			
	Nomen 99 – Artikel 100				
	Adjektive – Pronomen 101		4.5	Wortbildung	118
	Verben 103 – Adverbien 109			Zusammensetzungen 118	
	Präpositionen 110			Ableitungen 118	
	Konjugationen 111		4.6	Wörter und ihre Bedeutungen	120
4.2	Satzarten	111		Wortbedeutungen 121	
4.3	Satzglieder	112		bildlicher Sprachgebrauch 121	
	Subjekt – Prädikat – Objekte 112			Umgang mit Begriffen 122	
	adverbiale Bestimmungen 113		4.7	Gespräche untersuchen..........	122
	Attribute 114			Inhalts-, Beziehungsebene 122	
4.4	Zusammengesetzte Sätze	115		Gesprächsanalyse 123	
	Satzreihe – Satzgefüge 115		4.8	Sprachvarianten	124
	Relativ- und Infinitivsätze 117		4.9	Sprachwandel...................	126

5 Arbeitstechniken und Methoden

5.1	Von Heften und Hausaufgaben ...	128			
5.2	Von Klassenarbeiten, Lerntagebüchern und Aufgabentypen	129	5.5	Teamtime – In Gruppen arbeiten	146
				Projekte 146	
5.3	Leseziele, Lesetechniken, Lesetagebücher..................	133		Textüberarbeitung 147	
				Umfrage und Interview 148	
5.4	Ideen sammeln – vortragen – präsentieren.....................	137	5.6	Miteinander sprechen – (zu)hören – diskutieren..........	150
	Informationsmaterial besorgen, recherchieren 138				
	referieren 142				

6 Anhang

Und wo finde ich z. B.
das *Genitivobjekt*, das *Präfix*, die ... ?
Schlag nach im ...

Wortregister 156
Text- und Bildquellen 160

1 Sprechen und schreiben

In den Ferien war'n wir auf Fuerteventura. Echt spitze! Obwohl – na, egal. Einmal sind wir über 'ne irre enge Bergstraße gekurvt! Kennst du so was?

Die Herbstferien verbrachten wir dieses Jahr auf der Kanarischen Insel Fuerteventura. Das waren zwei sehr spannende, abwechslungsreiche Wochen! Allerdings gab es auch ein paar langweilige Regentage. Besonders beeindruckend war eine Bergtour auf den 800 m hohen „Pico de la Zarza", die wir zusammen mit den Eltern unternahmen.

Schon diese beiden kurzen Beispiele zeigen einige wichtige Unterschiede zwischen dem…

	Sprachgebrauch mündlich	**Sprachgebrauch schriftlich**	
▶ S. 115	Oft kurze Sätze oder ▶ Satzreihen, auch unvollständige Sätze.	Oft längere Sätze und ▶ Satzgefüge mit Erklärungen, Zusatzinformationen…	Satzbau
	Wiederholt Ausrufe und Partner-Fragen.	Überwiegend Aussagesätze.	
▶ S. 124 f.	Oft ▶ umgangssprachlich verkürzte Wortformen; auch ▶ mundartliche oder ▶ jugendsprachliche Wörter.	Die Wort- und Sprachverwendung ist grammatisch korrekt. ▶ Fremd- und Fachwörter werden verwendet.	Wortschatz
▶ S. 104	Das Vergangenheitstempus ist überwiegend das ▶ Perfekt.	Vergangenheitstempus ist in der Regel das ▶ Präteritum.	

1.1 Erzählen

Anschaulich erzählen

Eine gute Erzählung gliedert sich in drei Teile:
die **Einleitung**, den **Hauptteil**
mit dem Höhepunkt
und den **Schluss**.

Aufbau	
■ Einleitung	Sie soll in die Geschichte einführen, nennt **Ort** und **Zeit** des Geschehens und stellt die **Hauptfigur(en)** vor.
■ Hauptteil	Er enthält die eigentliche Geschichte und besteht aus mehreren Handlungs**schritten**, die in sinnvoller Reihenfolge zum **Höhepunkt** führen.
■ Schluss	Er lässt die Geschichte ausklingen, rundet sie mit ein paar schließenden Bemerkungen ab. Du kannst noch einmal auf die Einleitung zurückkommen.

Folgende Merkmale kennzeichnen...

Anschauliches Erzählen		
■ Erzähltempus ▶ Präteritum	Haupttempus ist das Präteritum, noch weiter zurückliegendes Geschehen steht im ▶ Plusquamperfekt. An spannender Stelle kann man kurz ins Präsens wechseln: *Nachdem ich den Ton erst leiser **gestellt hatte**, **drehte** ich ihn jetzt ganz ab. Was **war** das? Glas **klirrt**. Ich **sitze** wie angenagelt! **Knarrte** da nicht die Flurtür? Ich **sprang auf** und ...*	▶ S. 104
■ alle Sinne einbeziehen	Male dir aus und schreibe, wie etwas **aussieht**, wie jemand sich bewegt, welche Laute und Geräusche zu **hören** sind, wie etwas **riecht** oder **schmeckt**, wie es sich **anfühlt** oder was auf der Haut zu spüren ist.	
■ aussagekräftige Verben und Adjektive	*sagen – antworten, erwidern, rufen, entgegnen* *gehen – bummeln, eilen, hasten, schlendern* *klein – daumengroß, schlecht – hundeelend, blass – kreidebleich*	
■ Vergleiche, bildhafte Ausdrücke	*Er brüllte **wie** ein Stier und **bäumte sich auf**.*	
■ wörtliche Rede	Die ▶ direkte Wiedergabe von Aussagen, Ausrufen, Fragen, Antworten, auch von Gedanken und Gefühlen macht eine Geschichte lebendig.	▶ S. 97

1.1 Sprechen und schreiben – erzählen

Anschauliches Erzählen

■ innere Handlung	Neben der äußeren Handlung kann man auch die **Gefühle** und **Gedanken**, die Ängste, Wünsche und Hoffnungen der Erzählfiguren wiedergeben.		
■ Wortstellung, Satzbau abwechseln	*Ich höre plötzlich ein schleifendes Geräusch. Ich erstarre. Ich stehe vorsichtig auf.*	→	*Plötzlich höre ich ein schleifendes Geräusch. Ich erstarre. Dann stehe ich vorsichtig auf.*

Hier ein Beispiel für anschauliches Erzählen:

Kein ganz normaler Morgen

Am Sonntagabend ging ich wie meistens gegen neun ins Bett, las noch ein bisschen und schlief kurz darauf ein. Was ich träumte, habe ich vergessen. Woran ich mich jedoch sehr gut erinnere, ist der Montagmorgen!

Die Stimme meiner Mutter ging mir durch Mark und Bein: „Tanja, schnell, aufstehn, du hast verschlafen!"

Wie? Was? Verschlafen? Wie konnte das nur passieren? Wie vom Blitz getroffen richtete ich mich auf. Mein aufgeregter Blick suchte den Wecker: kurz nach sieben!
Plötzlich war mir alles klar: Ich hatte sein Klingeln überhört und einfach weitergeschlafen.

In Windeseile sprang ich aus dem Bett, streifte mir die Kleider über, rannte ins Bad, wusch und kämmte mich hastig, schnappte die Schultasche und stürmte zur Tür hinaus.

„Noch drei Minuten, bis der Bus fährt", schoss es mir durch den Kopf, „und das ausgerechnet heute, wo wir in der ersten Stunde diesen Test schreiben! Oje, Herr Matjes reißt mir den Kopf ab, wenn ich zu spät komme."

Zu allem Unglück regnete es auch noch und in wenigen Minuten war mir eiskalt. „Nur wenn sich der Bus verspätet, könnte ich es noch schaffen", dachte ich.

Noch zwei Minuten! Mein Rucksack tanzte auf meinem Rücken. Noch eine Minute! Die Scheinwerfer der vorbeifahrenden Autos blitzten in den Pfützen. „Schneller, schneller", keuchte ich. Noch 20 Sekunden und da – die Bushaltestelle, der Bus!
Ich kann gerade noch ein „Halt!" hervorwürgen und an die Tür schlagen.

Und wirklich: Die beiden Metallflügel, die sich eben zischend geschlossen hatten, fuhren wieder auseinander. Überglücklich sprang ich hinein und hörte den Busfahrer brummen: „Na, wer um die Zeit schon so sportlich ist, den kann man doch nicht stehen lassen!"

Ein Stein fiel mir vom Herzen, ich holte Luft: Auf in den Test!

Nacherzählen

Das Nacherzählen einer Geschichte hat folgende ...

Merkmale		
■ Inhalt	Gib den Inhalt in allen **wichtigen** Punkten wieder; besonders den **Höhepunkt**. Nebensächlichkeiten darfst du weglassen.	
■ Reihenfolge	Gib die Handlung in der Reihenfolge der Vorlage wieder.	
■ Stil	Statt Wörter und Wendungen der Vorlage zu übernehmen, solltest du **mit eigenen Worten** schreiben. **Wörtliche Rede** kannst du (▶ indirekt) zusammenfassen.	▶ S. 108
■ Tempus	Übernimm die Zeitform der Vorlage.	
■ Perspektive	Hier gibt es zwei Möglichkeiten: Entweder übernimmst du die Perspektive der Vorlage: *Am Montagmorgen wurde **ich** von **meiner** Mutter geweckt und ...* Oder du wechselst in die ***Er-/Sie**-Perspektive*: *Am Montagmorgen wurde **sie** von **ihrer** Mutter geweckt und merkte erschrocken, dass **sie** verschlafen hatte ...*	

Einen Erzählkern ausgestalten

Geht es darum, den Kern eines Ereignisses auszugestalten, ist vor allem wichtig:
- ■ Wähle einen Blickwinkel, eine Erzählperspektive aus, die den Lesenden das Geschehen besonders nahebringt: Du kannst z. B. aus der Sicht von jemandem erzählen, der oder die alles miterlebt hat (Ich-Erzähler/in).
- ■ Beachte darüber hinaus alle Merkmale, wie man ▶ anschaulich erzählt. ▶ S. 5

Hier ein Erzählkern in Form einer Zeitungsmeldung. Dazu auf der nächsten Seite die spannende Ausgestaltung aus der Sicht eines Mitglieds der Rugbymannschaft.

Busfahrer ohnmächtig – Schülerin geistesgegenwärtig

SYDNEY – Die 38 Kinder und 4 Begleiter in dem Schulbus hätten Laura Simpson ihr Leben zu verdanken, sagte ein Polizeisprecher heute ins Queensland.
Die Jugendlichen fuhren spät abends von einem Rugbyspiel nach Hause. Als das 16-jährige Mädchen den Fahrer in seinem Sitz zusammensinken sah, sprang sie auf und riss das Steuer herum ...

> **Schutzengel Laura Simpson**
>
> Wenn ich alles bedenke, zittern mir immer noch die Knie! Dass ich diese Geschichte erzählen kann, haben wir nur ihr zu verdanken.
>
> Wir waren beim Rugbyspiel unseres Teams gewesen, etwa 200 km von unserer Schule entfernt. Ein heißer Tag, schon die Hinfahrt im Bus war kein Vergnügen, aber der Sieg unserer Mannschaft hatte alles wieder wettgemacht.
>
> Als wir zurückfuhren, war es schon dunkel. Im Bus herrschte Bombenstimmung. Vor mir saß Laura, gleich neben dem Fahrer. Plötzlich fällt der Kopf des Busfahrers nach vorne – und alles geht rasend schnell …

▶ S. 48   Erzählst du ein Geschehen aus einer bestimmten ▶ **Perspektive**, ist es wichtig, dass du dich genau in die Figur hineinversetzt, aus deren Sicht du erzählen willst:
- Markiere alle Textstellen, an denen du etwas über sie erfährst (z. B. über ihr Aussehen, ihre Eigenschaften, Wünsche …).
- Prüfe genau, was die Figur, aus deren Blickwinkel du erzählst, wissen und wahrnehmen kann.
  Was ist ihr dagegen unbekannt? (Davon darfst du nichts schreiben.)
- Wenn du eigene Ideen ergänzt: Beachte, dass sie zur Handlung der Vorlage und zur Figur passen müssen.

▶ S. 124
- Wenn die Figur eine besondere Ausdrucksweise hat (z. B. ▶ Jugendsprache), dann verwende auch du sie.

Eine Geschichte weitererzählen

Wenn der Anfang einer Geschichte vorgegeben ist, die du weiterzählen sollst, musst du dir klarmachen:

■ die **Textsorte**, z. B. ▶ Märchen ▶ Fabel ▶ Kurzgeschichte	Deine Fortsetzung muss die Merkmale deiner Vorlage aufweisen.
■ die **Figuren**	Sie müssen so denken, reden und handeln wie in der Vorlage.
■ den **Ort**, die **Zeit**, die **Stimmung**	Beachte, **wo** und **wann** die Ereignisse passieren, die du weitererzählen sollst.
■ die **Erzählabsicht**	Welches Ziel hat die Geschichte? Soll sie belehren oder nur unterhalten?
■ den **Stil**	Auch die Sprachebene (▶ Sprachvariante) deiner Vorlage musst du beibehalten: Übernimm ihre Wortwahl und ihren Satzbau.

(▶ S. 44 f. zum Textsorten-Eintrag; ▶ S. 124 zum Stil-Eintrag)

Nach Bildern erzählen

- Sieh dir jedes Briefmarken-Bild genau an und notiere Stichpunkte:
  Wer tritt auf? – Alter? – Aussehen?
  Was **tun** die Figuren?
  Was könnten sie **reden** und **denken**? – Entwirf Sprech- und Denkblasen!
- Formuliere zu jedem Bild eine möglichst kurze **Bildunterschrift**.
- Passiert etwas **zwischen** den Bildern, was nicht abgebildet ist? Notiere Stichpunkte.
- Finde eine passende **Überschrift** für die Bildergeschichte.
- In der **Einleitung** kannst du erwähnen, dass die folgende Geschichte mit Hilfe von Bildern erzählt ist. Erwähne das später **nicht** mehr.
  Wer sind die Hauptfiguren? Wann und wo spielt sich alles ab?
- Erzähle die Ereignisse in der abgebildeten Reihenfolge. Erzähle ▶ anschaulich!   ▶ S. 5
- Eine Erzählung nach Bildern steht meistens im ▶ Präsens.   ▶ S. 103

1.2 Berichten

Beim Berichten **informierst** du knapp und genau über ein **vergangenes Ereignis**. Beantworte die **W-Fragen** und schreibe sachlich, ohne erzählende Ausschmückungen und persönliche Wertungen.

Aufbau	
■ Die **Einleitung** informiert knapp, worum es geht.	**Wer** war beteiligt? **Was** ist geschehen? **Wann** geschah es? **Wo** geschah es?
■ Im **Hauptteil** wird der Ablauf des Ereignisses Schritt für Schritt dargestellt.	**Wie** und **warum** geschah es?
■ Der **Schluss** gibt Auskunft über die Auswirkungen des Geschehens.	**Welche Folgen** hatte das Ereignis?

Über einen Unfall berichten

Wenn du über einen Unfall berichtest, achte darauf:

▶ S. 9
- Beantworte die ▶ **W-Fragen**.
- Berichte nur **Tatsachen**, äußere keine Vermutungen und persönlichen Gefühle, unterlasse wörtliche Rede.
- Gib die Ereignisse in der **Reihenfolge** wieder, in der sie sich tatsächlich ereignet haben.
- Verwende als Zeitform das **Präteritum**.

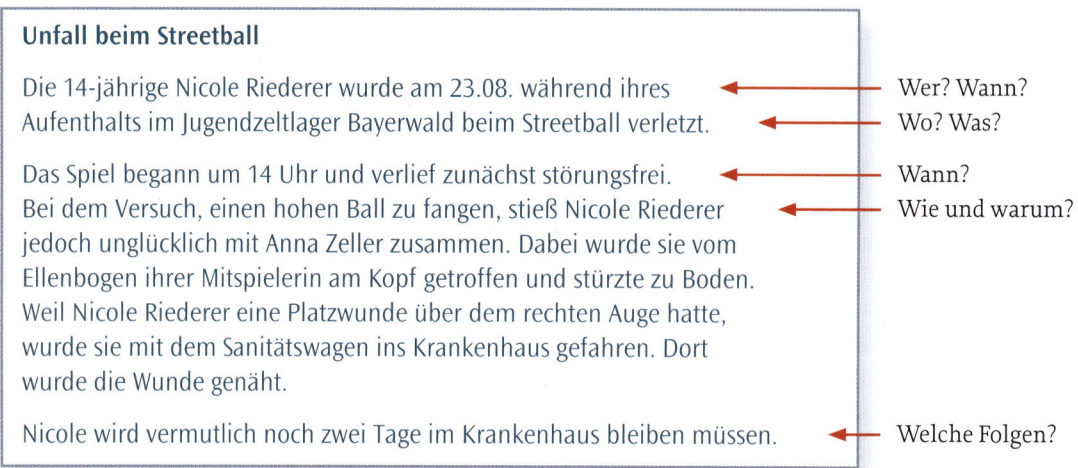

Über ein Ereignis berichten

Wenn du über ein interessantes Ereignis berichtest, an dem du teilgenommen hast – Naturereignis, Sportveranstaltung, Konzert, Ausflug –, dann beachte:

▶ S. 9
- Gegliedert ist der Ereignisbericht wie jeder Bericht (▶ Aufbau).
- Schreibe im Hauptteil vom Wichtigsten zuerst.
- Erwähne auch interessante Einzelheiten.

▶ S. 108
- Lass wichtige Teilnehmer/innen zu Wort kommen, aber nur ▶ indirekt.
- Befolge die Hinweise zum Unfallbericht (siehe oben).

> **Wir beim Kölner Staffelmarathon**
>
> Zusammen mit dem zehnten Kölner Marathon fand auch der achte Schulmarathon statt. Insgesamt beteiligten sich trotz der Herbstferien 1855 Schülerinnen und Schüler in 265 Schulmannschaften. Jede teilnehmende Schule stellte sechs Staffelläufer/innen. Von uns waren dabei: Lisa (7a), Florian (7b), Hakan (8c), Tatjana (8d), Katja (9c), Samuel (10a). Die gesamte Marathonstrecke von 42,195 km war unterteilt in die Distanzen 5 km – 10 km – 5 km – 10 km – 5 km – 7,195 km. Gewonnen hat das Team des Cusanus-Gymnasiums aus Erkelenz in einer Zeit von 2 : 44 : 12 h. Auch wenn wir nur Platz 61 belegten, waren alle Läufer/innen und die anfeuernden Klassenkamerad/inn/en und Eltern begeistert.
>
> Lisa meinte, sie sei stolz mitgelaufen zu sein und sie hoffe auf eine Eins in Sport.
>
> Bis zum nächsten Staffelmarathon!

Über ein Praktikum berichten

Für die Praktikumsmappe während deines Betriebspraktikums werden zwei Bericht-Arten von dir erwartet:
- Tagesbericht
- Abschlussbericht

Hier zwei Möglichkeiten für einen **Tagesbericht**:

1.3.20** 7. Praktikumstag		1.3.20** **7. Praktikumstag**
8.30–9.00 Uhr	Lagerarbeiten, aufgeräumt, sortiert	Von 8.30–9.00 Uhr arbeitete ich im Lager, wo ich Stecker und andere Kleinteile sortieren musste, die in Unordnung geraten waren.
9.00–10.00 Uhr	Kabel isoliert, in der Werkstatt Leitungen gelötet	**Daraufhin** übte ich mich von 9.00–10.00 Uhr in der Werkstatt im Isolieren von Kabeln und im Verlöten von elektrischen Leitungen.
10.00–10.15 Uhr	Pause	**Nachdem** ich eine kurze Pause von 15 Minuten eingelegt hatte, ging ich meinem Betreuer bei der Reparatur eines Fernsehgeräts zur Hand. Dabei erklärte er mir die wesentlichen Bestandteile eines Fernsehers.
10.15–12.15 Uhr	Reparatur eines Fernsehgeräts/ Erklärungen von Herrn P.	
12.15–13.00 Uhr	Mittagspause	**Schließlich** ging es in die Mittagspause, die von 12.15–13.00 Uhr dauerte.
16.30 Uhr	Feierabend	Um 16.30 Uhr war Feierabend. Insgesamt war es ein sehr abwechslungsreicher Tag. Er war eher untypisch, weil interessante Begegnungen mit den Kunden direkt in ihren Wohnungen stattfanden.

Einen **Tagesbericht** kann man abfassen
- tabellarisch und in Stichworten
- oder ausführlich formuliert.
- Sonst gelten die Merkmale des ▶ Unfallberichts.   ▶ S. 10
- **Neu**: Ein begründetes Urteil über bestimmte Personen oder Vorkommnisse (am besten am Ende).

Der **Abschlussbericht** über dein gesamtes Praktikum beantwortet folgende Fragen:
- Wo/wann/in welchem Beruf/Betrieb absolvierte ich das Praktikum?
- Was waren meine Haupttätigkeiten?
- ▶ S.16 Gib von einer besonderen Tätigkeit eine ▶ Vorgangsbeschreibung. Verwende Fachbegriffe.
- Was hat mir besonders gut/nicht so gut gefallen? Begründe.
- Wie kam ich mit den Kolleginnen und Kollegen, den Vorgesetzten aus?
- Was habe ich im Praktikum gelernt
  über die Arbeitswelt im Allgemeinen?
  über spezielle Tätigkeiten?
- Welchen Einfluss hat das Praktikum auf meinen Berufswunsch?
- Kann ich den Praktikumsbetrieb weiterempfehlen? Warum (nicht)?

Die letzten Abschnitte, die sich nicht auf das zurückliegende Praktikum beziehen,
▶ S.103 schreibe im ▶ Präsens.

Protokollieren

Protokollieren ist eine Art von Berichten, und zwar in eine strenge äußere Form gebracht. Man unterscheidet **Ergebnis-** und **Verlaufsprotokoll**.

Das **Ergebnisprotokoll** gibt in der Regel im **Präsens** die wichtigsten **Ergebnisse** eines Gesprächs, einer Debatte, Konferenz oder Schulstunde wieder. Einzelheiten, Streitpunkte, Zwischenergebnisse und wörtliche Beiträge werden nicht erwähnt.

Protokoll der Debatte „Tauschbörse – ja oder nein?"

Ort:	Martin-Luther-King-Schule, Raum 210	
Zeit:	Montag, 27.05.20XX, 8.45–10.30 Uhr	Protokoll-
Anwesend:	Klasse 9a, Herr Fröhlich (Deutschlehrer)	kopf
Entschuldigt:	Nihan Öztürk, Julian Giese	
Moderation:	Emre Buyruk	
Protokoll:	Alina Fancino, Kevin Schmidt	

Tagesordnung
TOP 1: Einführung
TOP 2: Statements der fünf Zweiergruppen
TOP 3: Debatte
TOP 4: Abstimmung

Zu TOP 1: Emre B. lässt die Debattierenden und die Beobachtergruppe die Plätze einnehmen. Er weist darauf hin, dass am Ende abgestimmt werden muss, und bittet die Zweiergruppen um ihre Statements.

Zu TOP 2: Gruppe 1 vertritt …

Zu TOP 3: Die zwei wichtigsten Pro-Argumente lauten: …
Folgende Kontra-Argumente werden genannt: …
Als Kompromiss wird vorgeschlagen: …

Zu TOP 4: Die Abstimmung hat folgendes Ergebnis: …

Düsseldorf, 29.05.20XX

(Unterschriften von Moderator/in, Lehrkraft, Protokollant/in)

(Hauptteil / Schluss)

Das **Verlaufsprotokoll** hat dieselbe Form und Gliederung wie das Ergebnisprotokoll. Aber es teilt nicht nur Ergebnisse mit, sondern auch wichtige Einzelheiten, Redebeiträge in der tatsächlichen Reihenfolge.
Redebeiträge werden in der Regel in ▶ indirekter Rede wiedergegeben; besonders wichtige auch wörtlich. Als Tempus bevorzugt man das Präsens.

▶ S. 108

Das **Unterrichtsprotokoll** ist eine Mischung aus Ergebnis- und Verlaufsprotokoll.

1.3 Beschreiben

Einen Weg beschreiben

Eine Wegbeschreibung macht genaue Angaben zu
- Beginn und Ziel des Weges und dem Ort;
- Straßennamen, Plätzen;
- besonderen Gebäuden (z. B. Post), Gegenständen und ihrem Aussehen;
- Orts- und Richtungsangaben *(nach links, geradeaus, schräg gegenüber, neben, hinter)*;
- Entfernungen, Zeitangaben *(nach ungefähr 50 m, nach etwa 5 Minuten)*.

Zur **Sprache** einer Wegbeschreibung beachte:
- Verwende den ▶ Imperativ *(Geh/Gehen Sie ...)* oder *man (Man geht ...)* oder das ▶ Modalverb *müssen* *(Du musst anschließend ...)*.
- Verwende neben *gehen* andere passende Bewegungsverben *(wende dich, überquere, laufe, biege ab)*.

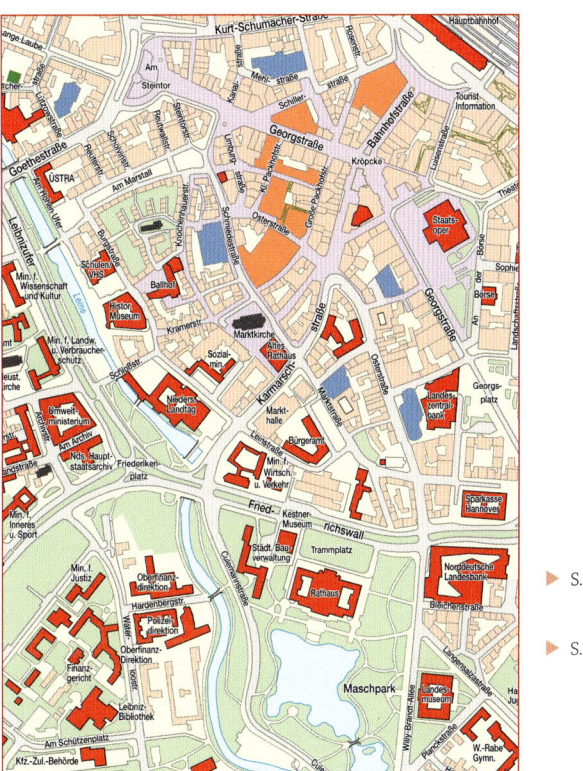

▶ S. 103

▶ S. 109

Einen Gegenstand beschreiben

Hast du etwas verloren? Willst du jemandem in einer E-Mail beschreiben, wovon du begeistert bist? So kannst du vorgehen:
- Nenne in der **Einleitung** den Gegenstand.
  Was ist das Besondere an ihm? Warum beschreibst du ihn?
- Im **Hauptteil** werden alle wichtigen Bestandteile beschrieben
  nach ihrer Form und Größe *(lang und spitz ...)*;
  nach Material, Eigenschaften, Farben *(aus schwerem Stoff ...)*;
  nach ihrem Zweck *(für zwei Personen ...)*.
- Halte eine bestimmte **Reihenfolge** ein: Beginne z. B. mit dem größten oder wichtigsten Bestandteil; oder beschreibe ihn von außen nach innen bzw. von oben nach unten.
- Zum **Schluss** kannst du z. B. etwas zur Wichtigkeit des Gegenstands schreiben.

1.3 Sprechen und schreiben – beschreiben

Zur **Sprache** der Gegenstandsbeschreibung gilt:
- Sie steht im Präsens.
- Gebrauche Fachbegriffe und andere genaue Bezeichnungen.
- Verwende eindeutige Adjektive
▶ S. 114 (▶ Attribute; *rote* Schnalle) und
▶ S. 117 ▶ Relativsätze *(eine Seitentasche, in der sich …)*

Rucksack verloren

Am 15. August 2009 habe ich im Zoo am Elefantengehege meinen blauen Rucksack liegen lassen.
Wer hat ihn gesehen und kann mir weiterhelfen?

Der Rucksack ist ca. 40 cm hoch, 30 cm breit und marineblau; am Boden, an den Seiten und oben am Reißverschluss ist er hellblau. Er besitzt ein großes Hauptfach, zwei kleinere Seitentaschen und eine Vordertasche. In der linken Seitentasche steckt eine feuerrote Trinkflasche aus Leichtmetall. Am Reißverschluss des Rucksacks hängt ein weißer Schäfchenanhänger.

Im Hauptfach des Rucksacks befinden sich eine sonnengelbe Regenjacke und eine schwarze Kindergeldbörse, auf der vorne ein Pirat abgebildet ist. Weiterhin enthält der Rucksack ein Päckchen Papiertaschentücher und einen Apfel.

Wer den Rucksack findet, kann ihn bei Herrn Heine im Fundbüro des Zoos abgeben. Der ehrliche Finder bekommt eine Freikarte für den Zoo.

Eine Person beschreiben

Es ist sinnvoll, eine Person nach folgenden Gliederungspunkten zu beschreiben:
- In der **Einleitung** nennst du allgemeine Informationen über sie (z. B. Name, Geschlecht, Alter, Beruf).
- Im **Hauptteil** beschreibst du detailliert das äußere Erscheinungsbild in einer bestimmten Reihenfolge (z. B. von oben nach unten): Größe, Körper(teile: Kopf, Arme, Beine), Kleidung, Schmuck, auffällige Besonderheiten.
- Zum **Schluss** kannst du schreiben, wie die Person auf dich wirkt.

▶ S. 103 ■ Eine Personenbeschreibung steht im ▶ Präsens.
▶ S. 101 ■ Verwende aussagekräftige ▶ Adjektive und
▶ S. 117 ▶ Relativsätze *(eine Jacke, die vorn …)*
■ Ersetze *haben* und *sein* durch treffendere Verben.

Polnische Tracht (Krakau)

Wortspeicher „Personenbeschreibung"

■	Gesichtsform	*länglich, rundlich, oval, kantig*
■	Kinn	*spitz, markant, rund, vorgeschoben, fliehend*
■	Nase	*schmal, breit, kurz, lang, gerade, krumm, stupsig*
■	Augen	*eng beieinander, vorstehend, schräg stehend, hellblau*
■	Augenausdruck	*traurig, freundlich, blinzelnd, strahlend, streng*
■	Mund, Lippen	*breit, schmal, voll, wulstig, rot, blass, zusammengepresst, aufgeworfen*
■	Haare	*schulterlang, kurz, stoppelig, drahtig, gelockt, rötlich*
■	Figur, Körperhaltung	*groß, klein, schlank, dünn, sportlich, untersetzt, korpulent, aufrecht, gekrümmt*
■	Kleidung	*lässig, elegant, ordentlich, modern, altmodisch*

Das Schwarzweißfoto zeigt den berühmten Piloten Charles Lindbergh in jungen Jahren, der 1927 allein den Atlantik überquerte.

Bis tief in die Stirn hinein sitzt seine eng anliegende lederne Fliegermütze, die er nicht zugeschnallt hat. Auf seiner gewölbten Stirn kräuseln sich über der Nasenwurzel nachdenkliche kleine Falten. Seine schmalen Augen haben einen ernsten Blick, der unter den leicht zusammengezogenen Augenbrauen in die Ferne gerichtet ist. Die gerade, kräftige Nase und der geschlossene Mund mit den vollen Lippen über dem energischen Kinn passen zu einem Abenteurer der Lüfte, der weiß, was er will.

Mit seiner Lederjacke und der Fliegerbrille, die ihm lässig um den Hals hängt, wirkt er so, als ob er gleich in sein Flugzeug steigen und abheben will.

Eine Personen**beschreibung** erfasst meist nur die äußeren, sichtbaren Merkmale eines Menschen. Wenn du jemanden persönlich kennst, kannst du noch näher auf ihn eingehen und sein Verhalten und seine inneren Eigenschaften beschreiben:
- Wie spricht er? *(schnell, bedächtig)*
- Wie bewegt er sich? *(lebhaft, langsam, plötzlich)*
- Wie ist seine Art? *(fröhlich, schlau, schweigsam)*
- Welche Interessen, Hobbys hat er?
- Was lehnt er ab?

Wenn du auf solche Dinge (besonders im Schlussteil) eingehst, wird aus deiner Personenbeschreibung eine **Charakteristik**.

Willst du ein **Tier beschreiben**, so gilt für die Gliederung, für die inhaltlichen Merkmale und für Stil und Sprache grundsätzlich das für die Personenbeschreibung Gesagte. Nur musst du dabei nicht auf Frisur und Kleidung, sondern auf das Fell und seine Beschaffenheit achten.

Einen Vorgang beschreiben

In einer Vorgangsbeschreibung beschreibt man eine Handlung –
etwas kochen, etwas basteln, ein Spiel oder einen Versuch durchführen –
so genau, dass andere sie leicht verstehen und nachmachen können.

Aufbau	
■ Überschrift	Was soll hergestellt/gezeigt werden?
■ Einleitung	Welches Material, welches Werkzeug wird benötigt?
■ Hauptteil	Was muss vorbereitet werden? Welche Maße, welche Mengen sind zu beachten? Wie werden die einzelnen Arbeitsschritte ausgeführt? Welche Reihenfolge ist einzuhalten (nummerieren)?
■ Schluss	Wie ist das fertige Produkt zu benutzen? Welches Ergebnis, welches Ziel ist eingetreten? Was muss beachtet/getan werden?

Zu **Sprache** und **Stil** einer Vorgangsbeschreibung ist zu beachten:
- Die Zeitform ist das **Präsens**.
- Die benutzten Gegenstände und die Tätigkeiten werden mit genauen **Fachausdrücken** und **Verben** benannt.
- Verschiedene **Formulierungen** sind möglich. Wähle eine davon:
  *Zuerst lege **ich**... **Du** brauchst... **Nimm** als Nächstes...*
  ***Man** versucht anschließend ... **Wir** beginnen ... **Ihr** schneidet zuletzt ...*

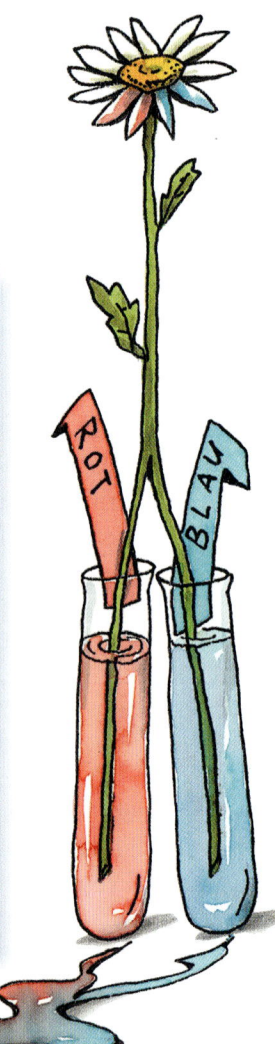

Die Wasseraufnahme bei einer Pflanze

Für den Versuch benötigt man zwei mit Wasser gefüllte Gläser, ein Messer, eine weiße Blume (z. B. eine Margerite) sowie blaue und rote Lebensmittelfarbe.

Zuerst färbt man mit Hilfe der Lebensmittelfarben das Wasser in dem einen Glas blau und das in dem anderen Glas rot. Dann wird der Blumenstängel mit dem Messer in Längsrichtung bis zur Hälfte durchgeschnitten. Anschließend stellt man die eine Hälfte des Blumenstängels in das rote Wasser und die andere Hälfte in das blaue.

Nun kann man beobachten, dass die blaue Farbe in die eine Hälfte der Blüte steigt und die rote Farbe in die andere Hälfte, sodass sich die Blüte blau-rot färbt. Wird danach die Blume aus dem Wasser genommen, so sieht man, dass der Stängel rote und blaue Flecken bekommen hat. Diese Flecken zeigen die Leitungsbahnen der Pflanze an, durch die das Wasser bis in die Blüte gelangt ist.

Der Versuch zeigt, wie Pflanzen Wasser aufnehmen. Das Wasser gelangt über die Wurzeln durch die Leitungsbahnen des Stängels bis zur Blüte.

Ein Bild beschreiben

Tigerjagd, anonyme indische Miniatur, 17./18. Jahrhundert

Wenn du ein **Bild beschreiben** möchtest, beachte Folgendes:
- In der **Einleitung**
  werden die Angaben aus der Bildunterschrift genannt (Titel, Künstlername, Entstehungszeit, Malweise).
  Gehe dann mit wenigen Worten auf den Inhalt, auf das Thema des Abgebildeten ein.
- Der **Hauptteil** beschreibt
  zuerst das Wichtigste im Vordergrund/Zentrum des Bildes.
  Dann folgen interessante Einzelheiten. Achtung: Nicht wahllos „springen", sondern stufenweise vorgehen: *In der Mitte links ... – Im Hintergrund am Bildrand ...*
  Vergiss nicht, besondere Farben zu erwähnen oder auffällige Darstellungsformen.
- Schreib am **Schluss**,
  welchen Eindruck das Bild insgesamt auf dich macht.
- Verwende das ▶ Präsens. ▶ S. 103
- Formulierungshilfen
  Statt: *Rechts sieht man Reiter ...* *Dahinter wird ein Tiger gezeigt ...*

  Besser: *Rechts **reiten** mehrere Jäger ...* *Dahinter **springt** ein Tiger mit großen Sätzen ...*

1.4 Inhalte zusammenfassen

Den Inhalt eines Sachtextes (z. B. eines Zeitungsberichts) oder einer Kurzgeschichte zusammenfassen ist etwas anderes an ihn ▶ nacherzählen:

Nacherzählen	Zusammenfassen
Die wichtigsten Inhalte/Handlungsteile werden in der Reihenfolge und im Tempus der Vorlagen wiedergegeben.	Die wesentlichen Inhalte werden in der Reihenfolge „wichtig – weniger wichtig" und im Präsens wiedergegeben.

Inhaltsangabe

Die **Einleitung** nennt knapp
- Titel und Textsorte,
- Erscheinungsort und -jahr,
- Autor/in,
- Hauptfiguren,
- Thema/Kernaussage.

In dem Bericht „Unglück im Ärmelkanal – Strandräuber auf Beutejagd", der in der „Süddeutschen Zeitung" vom 23. 1. 2007 erschienen ist, stellt der Autor Wolfgang Koydl die Folgen eines Frachterunfalls vor der englischen Südküste dar.

Die Kurzgeschichte ▶ „Streuselschnecke" von Julia Franck aus dem Band „Bauchlandung" (2000) handelt davon, wie eine Ich-Erzählerin mit ihrem Vater zwischen dem 14. und 17. Lebensjahr umgeht.

Der **Hauptteil** fasst die Inhalte zusammen
- in der Reihenfolge „wichtig – weniger wichtig" oder „vorher – nachher" oder „Ursache – Wirkung";
- mit eigenen Worten und in sachlicher Sprache;
- im Präsens
- und mit ▶ indirekter Wiedergabe der wörtlichen Reden.

Ein besonderer **Schluss** ist nicht nötig.

Eine gute Vorbereitung auf eine Inhaltsangabe ist die ▶ Fünf-Schritt-Lesemethode.

1.5 Briefe schreiben

Es gibt verschiedene Arten von Briefen; z. B. **persönliche Briefe** und **Geschäftsbriefe** (offizielle Briefe); auch E-Mails kann man dazuzählen. Für alle gelten im Hinblick auf Inhalt, Stil, Rechtschreibung und äußere Form einige Grundsätze, die du beherzigen solltest.

Udo Schwarz
Ulmenallee 50
33339 Neustadt

Eva Schröder
Pariser Straße 17
59999 Köln

- **Briefkopf**
  Jeder Brief trägt rechts oben das **Datum**, an dem er geschrieben wurde. Meist wird auch der betreffende **Ort** genannt. Zwischen Orts- und Datumsangabe steht ein Komma.

  Köln, den 15.08.20XX

  Liebe Anna!

  Wir haben hier in der Lausitz wunderschöne Ferien verbracht ...

- **Anrede**
  Nach der **Anrede** in Briefen kann man ein **Ausrufezeichen** setzen, danach schreibt man groß weiter; ein **Komma** setzen, danach schreibt man klein weiter.

  Bei vertrauten Personen verwendet man die **Anredepronomen** *du* bzw. *ihr*. Sie können in allen Formen klein- oder großgeschrieben werden (*du/Du*, *dir/Dir*, *euch/Euch* usw.)

  Bei Personen, die man nicht duzt, benutzt man das Höflichkeitspronomen *Sie*, das in allen Formen großgeschrieben wird (*Ihr*, *Ihnen*, *Ihre* usw.).

  Coesfeld, den 26.08.20XX

  Liebe Frau Disselbeck,

  vielen Dank für die Einladung!
  Wir kommen gerne zu Ihrer Feier und dürfen Sie heute schon ...

  Mit herzlichen Grüßen
  Ihre
  Familie Meyer

- **Briefschluss**
  Beende den Brief mit einem mehr oder weniger persönlichen oder offiziellen Gruß, entsprechend deiner Bekanntschaft mit deinem Gegenüber.

  Tschau!
  Peter

  Ich drücke Dich,
  Deine Simone

  Freundliche Grüße
  Ruben Schlent

  Mit besten Wünschen
  Ihre
  Bonny Gebhardt

1.5 Sprechen und schreiben – Briefe schreiben

Offizielle Briefe schreibt man z. B. bei Anfragen, Anträgen, Entschuldigungen, Beschwerden. Sie richten sich an Amtspersonen (z. B. den Schuldirektor, die Bürgermeisterin) oder an Einrichtungen und Leute, die man nicht persönlich kennt (z. B. an die Tourist-Information in einer anderen Stadt oder an eine Zeitungsredaktion).
Deshalb hält man sich strenger als im persönlichen Brief an bestimmte Regeln:
- Wenn man nicht weiß, wer den Brief bearbeitet, verwendet man die Anrede
Sehr geehrter Damen und Herren,
und schreibt nach dem Komma klein.
- Man verwendet die **Anredepronomen** der Höflichkeitsform (*Sie, Ihnen* usw.). Sie werden großgeschrieben.
- Man bringt sein Anliegen genau, aber knapp und sachlich vor.
- Das Schriftbild ist ordentlich, die Seitenaufteilung übersichtlich. Dazu verwendet man in der Regel den PC.
- Die abschließende **Grußformel** und die handschriftliche **Unterschrift** sind sachlich.

▶ S. 21   Zur äußeren Form eines offiziellen Briefs ▶ Bewerbungsschreiben.

E-Mails sind nichts anderes als elektronische Briefe und unterliegen grundsätzlich denselben Ansprüchen wie ein Brief:
Je persönlicher dein Verhältnis zum/zur E-Mail-Partner/in ist, umso persönlicher darfst du schreiben.

Berücksichtige folgende Tipps:
- Wie ist deine Beziehung zu dem Adressaten (privat, offiziell)? Danach richtet sich der Stil.
- Vorsicht mit saloppen *(So ein Schwachsinn!)* oder hochtrabenden Formulierungen *(Ich kommuniziere in regelmäßigen Zeitabständen mit meinen Großeltern.)*.
- Wähle eine adressatengerechte Anrede und Grußformel.
- Schreibe einen aussagekräftigen Betreff.
- Gib sicherheitshalber deine Postanschrift an. (Allerdings nur, wenn du deinem Adressaten traust!)
- Keine Kleinschreibung, Abkürzungen *(CUL & R)*, Smileys in offiziellen E-Mails!

Vorsicht:
All diesen Tipps entspricht die hier abgedruckte E-Mail **nicht**!

Absender: bluemchen@mail.net
An: hunal@maschinenbau.de
Betreff: michael

hallo, herr hunal!
mit unserem geschenk für michael haben wir den nagel auf den kopf getroffen. die schultasche, federmappe und das geometrie-set kann er gut gebrauchen. denn das hat er uns in seinem dankbrief geschrieben.
das restliche geld inclusive ihrer wirklich großzügigen spende ☺ haben wir an den verein internationaler kinderdörfer überwiesen. fabian ist dafür extra zur stadtsparkasse gegangen und hat das geld auf das konto des vereins überwiesen. den beleg haben wir eingescannt und schicken ihn als anlage. haben sie schon ihre spendenquittung erhalten??? wenn nicht, melden sie sich ruhig noch einmal bei uns.
michael schreibt uns, eine praktikantin trainiert im kinderdorf eine mädchenfußballmannschaft. sie sind wohl total begeistert dabei und sie haben schon gegen mannschaften aus der stadt kumasi gespielt. vielleicht können von unserer spende ja trikots oder fußballschuhe erworben werden!!
so, herr hunal, das wars für heute. wenn wir neues von michael aus ghana hören, werden wir an sie denken.
mfg
Pia

1.6 Sich bewerben und vorstellen

Die **Bewerbungsmappe** ist so etwas wie deine „Visitenkarte". Sie enthält alle Unterlagen, die einer Personalabteilung helfen, sich ein Bild von deinen Qualitäten und Fähigkeiten zu machen. Außerdem soll dein Gegenüber auch ein bisschen neugierig auf dich werden. Zu einer kompletten Bewerbungsmappe zählen:

- ein ansprechend geschriebenes und gestaltetes Deckblatt (mit Foto)
- das Bewerbungsschreiben
- der Lebenslauf
- in Kopie: wichtige Schulzeugnisse
- Nachweise und Zeugnisse über Praktika, Nebenjobs, ehrenamtliches Engagement
- Bescheinigungen über schulisches Engagement (z. B. SV)
- Nachweise über zusätzliche Qualifikationen (z. B. Computerkurse),
- eventuell passende Arbeitsproben (z. B. Schülerzeitungsartikel usw.)

Das Bewerbungsschreiben

Es bestimmt den ersten, vielleicht entscheidenden Eindruck, den man von dir gewinnt. Daher muss es wie der Lebenslauf mit großer Sorgfalt erstellt werden und darf natürlich keine Fehler enthalten. Ein Muster findest du auf S. 22.

Die **Dritte Seite** oder **Spotseite** einer Bewerbung: Eine Bewerbung ist eine stark vereinheitlichte, standardisierte Textsorte. Dies macht es dir nicht leicht, persönlich auf deine besondere Eignung für die ausgeschriebene Stelle aufmerksam zu machen. Dafür eignet sich die sogenannte **„Dritte Seite"** (nach Bewerbungsschreiben und Lebenslauf) oder **„Spotseite"**, die manche Bewerber/innen inzwischen ihren Bewerbungen hinzufügen: Sie versucht möglichst individuell, überraschend, herausfordernd, witzig in Stil und gestalterischer, farblicher und illustrativer Form zu beweisen, dass gerade du für die angebotene Stelle geeignet bist.

Vorsicht: Nicht jede Firma schätzt eine „Dritte Seite". Übertreibe nicht zu sehr und verfalle nicht in peinliches Selbstlob!

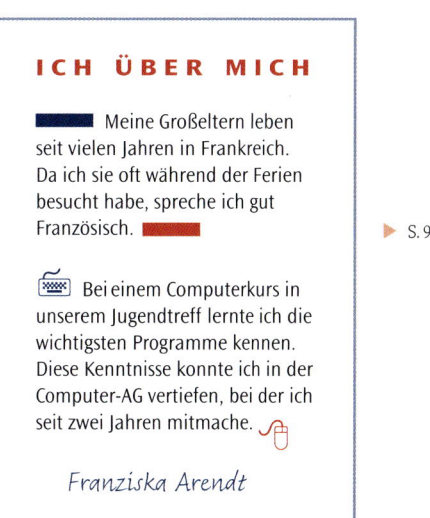

▶ S. 93

1.6 Sprechen und schreiben – sich bewerben

Der Lebenslauf

Üblich ist diese übersichtlich gegliederte tabellarische Form:

Lebenslauf

Zur Person
Name   Franziska Arendt
Anschrift   Kurhausstr. 51
                    56789 Oberstadt
Telefon   0123-57683
Geburtsdatum   14. Februar 1993
Geburtsort   Bad Mergentheim
Eltern*   Paul Arendt, Dachdecker
                    Maria Arendt, kaufmännische Angestellte
Geschwister*   Michael, 11 Jahre

Schule
1999–2002   Grundschule Bad Mergentheim
2002–2003   Grundschule Oberstadt
seit August 2003   Lise-Meitner-Gesamtschule Oberstadt
Abschluss   Fachoberschulreife voraussichtlich im Juni 20XX
Lieblingsfächer   Deutsch, Mathematik, Englisch

Praktikum
Januar 2008   dreiwöchiges Schulbetriebspraktikum bei der
                    Transportfirma Eurotrans

Sprachkenntnisse
Englisch   Sprachkurs in Brighton, Großbritannien, August 2008
Französisch   Gutes Sprechvermögen

Weitere Qualifikationen
Computer   Windows, Standard-Office-Software
                    seit 2009 Teilnahme an der Computer-AG (Schulhomepage)

Hobbys
                    Jazztanz in einer Tanzschule, Lesen

Oberstadt, 23. April 20XX

Franziska Arendt

* **Familienverhältnisse**: Sie müssen nicht angegeben werden.

1.6 Sprechen und schreiben – sich bewerben

Eine **Online-Bewerbung** unterscheidet sich grundsätzlich nicht von einer herkömmlichen Bewerbung auf Papier – auch nicht in Sprache, Stil und Rechtschreibung – und umfasst folgende Dateien:
- das Bewerbungsschreiben („Anschreiben")
- den tabellarischen Lebenslauf
- Anlagen wie Zeugnisse, Nachweise zu Praktika u. Ä.

Die E-Mail, mit der die Bewerbungsdateien verschickt werden, kann so aussehen:

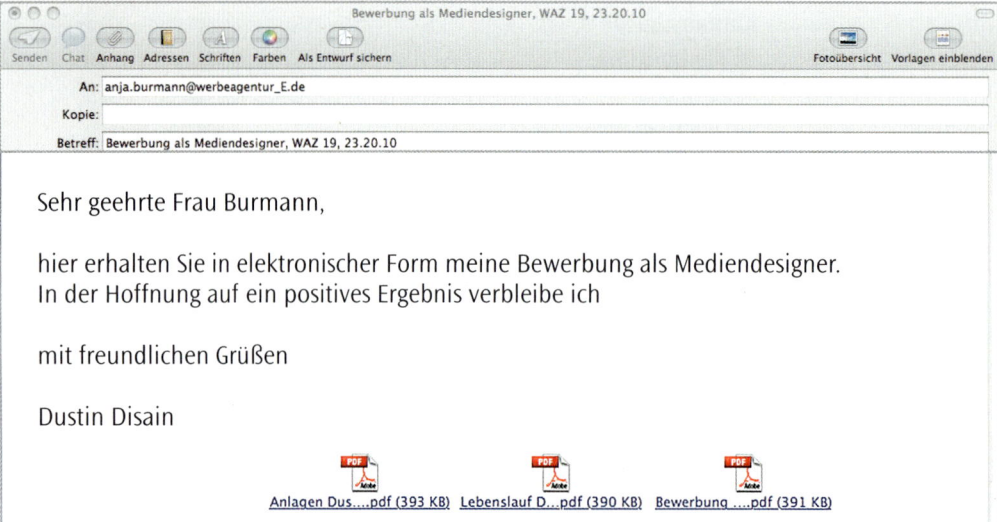

Das Bewerbungsgespräch (Vorstellungsgespräch)

Ein **Bewerbungsgespräch** sollst du selbstsicher mitgestalten.
- Überlege dir deshalb überzeugende Antworten auf die zu erwartenden Fragen.
- Vielleicht wirst du aufgefordert, frei über dich zu sprechen: „Erzählen Sie ein wenig über sich!" Bereite für diesen Fall einen kurzen Text vor, in dem du von deinen Interessen, Fähigkeiten und Vorbereitungen auf den Ausbildungsberuf sprichst.
- Sei pünktlich, höflich und freundlich.
- Achte auf angemessene Kleidung.
- Blick deine/n Gesprächspartner/in an.
- Hör aufmerksam zu, fall niemandem ins Wort, aber bitte auch um Auskünfte.
- Vergiss nicht die Bewerbungsunterlagen.

Fragen an dich
- **Zum Beruf:**
  Warum haben Sie sich gerade bei uns beworben?
  Welche Erwartungen haben Sie an die Ausbildung?
  Was interessiert Sie an dem Beruf besonders?
  Welche besonderen Vorkenntnisse, Erfahrungen, Fähigkeiten bringen Sie für den Beruf mit?
  In welchem anderen Beruf könnten Sie auch arbeiten? Warum?

- **Über die Schule:**
  Was sind Ihre Lieblingsfächer?
  Welche Fächer fallen Ihnen schwer und warum?
- **Nach Persönlichem:**
  Was sind Ihre Stärken, was Ihre Schwächen?
  Was machen Sie in Ihrer Freizeit?
  Was können Sie über Ihren Freundes- und Bekanntenkreis sagen?

Fragen von dir
- Wo liegen die inhaltlichen Schwerpunkte meiner Ausbildung?
- Auf Ihrer Homepage befindet sich ein Überblick über die Struktur Ihres Betriebs. Könnten Sie mir bitte erklären, welche Bereiche für mich besonders wichtig wären?
- Wie ist das Zusammenspiel von Betrieb und Berufsschule?
- Gibt es Chancen, nach der Ausbildung in Ihrem Betrieb übernommen zu werden?
- Wie sind bei Ihnen Arbeitszeit, Ausbildungsvergütung und Urlaub geregelt?
  (Danach nicht am Anfang des Gesprächs fragen!)
- Wann darf ich mit einer Benachrichtigung rechnen, ob ich den Ausbildungsplatz bekomme?

1.7 Diskutieren und argumentieren

Miteinander sprechen ist für uns alle sehr wichtig. In einem **Gespräch**, einer Unterhaltung geht es oft darum, mit anderen Fragen, Sorgen oder Freuden zu teilen.

Zu einer **Diskussion** gehört eine Frage, bei der man unterschiedliche Ansichten und Argumente vertreten kann. Das Ziel einer Diskussion ist es, möglichst eine gemeinsame Lösung zu finden. Um dieses Ziel zu erreichen, ist es nützlich, auf ein paar **Gesprächsregeln** zu achten:

Viele Äußerungen in Gesprächen und Diskussionen ...

■ ...enthalten nur eine **Behauptung**:	*Kinder und Jugendliche sollten nicht zu spät abends zu Hause sein.*
■ Besser sind **Begründungen**:	*Es ist nämlich gefährlich, nachts allein unterwegs zu sein.*
■ Am besten ist ein anschauliches **Beispiel**:	*Erst letzte Woche ist eine 13-Jährige an einer dunklen Bushaltestelle in eine unschöne Situation gekommen.*

Wer seine/n Gesprächspartner/in überzeugen will, muss auf sie/ihn eingehen und ...

■ ...eine fremde Meinung **respektieren**:	*Ich bin zwar anderer Ansicht, aber ich verstehe, dass du ...*
■ ...einen **Kompromiss** vorschlagen:	*Können wir uns darauf einigen, dass ...*
■ ...ein **Gegenargument** bieten:	*Allgemein gesprochen hast du vielleicht Recht. Aber wenn man bedenkt, ...*

Wer seine Meinung in einem Gespräch, einer Diskussion überzeugend vertreten will, muss angemessen argumentieren. Dies sind die Teile einer ...

Argumentation	
■ **These** Behauptung, Forderung	*Schulnoten haben eine gute Berechtigung.*
■ **Argument** Begründung	*Denn an Schulnoten kann man seine Leistung klar erkennen und sich im Vergleich mit anderen einordnen.*
■ **Beleg** Beispiel	*Ausführliche Beurteilungen sind im Vergleich dazu weniger eindeutig als Noten.*

1.8 Erörtern

Über die Frage rechts mit mehreren ein Gespräch führen heißt **diskutieren**.

Sich mit dieser Frage allein und schriftlich beschäftigen heißt **erörtern**.

1.8 Sprechen und schreiben – erörtern

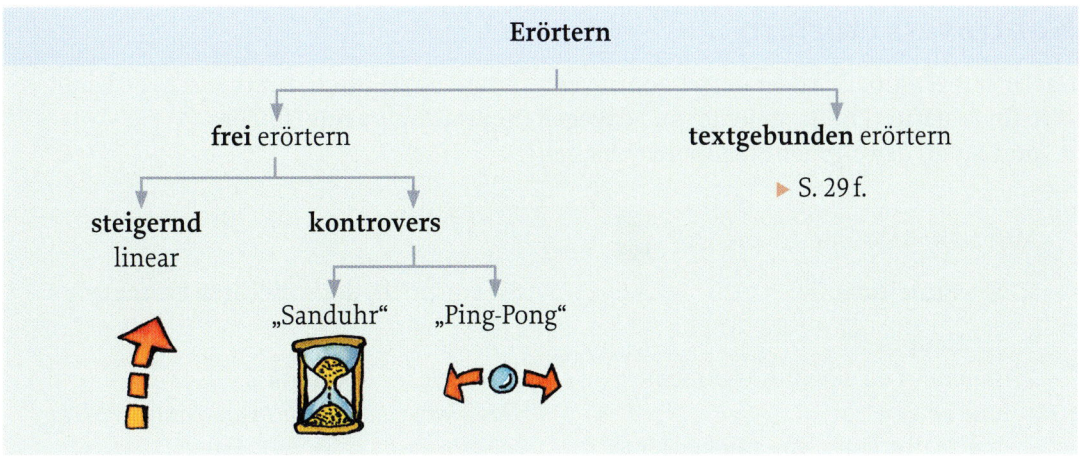

„Sanduhr"- und „Ping-Pong"-Erörterung klingen am interessantesten,
sie sind aber am schwierigsten.
Beginnen wir mit der steigernden Erörterung.

Steigernd erörtern (linear)

Das Thema „Fastfood: Ja oder nein?" steigernd erörtern bedeutet
- **einen** klaren Standpunkt (eine These) einnehmen und
- ihn vertreten mit sich steigernden, immer überzeugenderen Begründungen (Argumenten) und Beispielen.

Aufbau steigernd	
In der **Einleitung** nennst du das Thema, betonst seine Wichtigkeit, erläuterst das Problem, stellst einen aktuellen Bezug her.	*Jeder hat schon einmal Fastfood gegessen. Darum ist es für alle ein interessantes Thema. Besonders heute, weil ...*
Im **Hauptteil** formulierst du deine Position, führst mehrere Gründe an, Beispiele und Belege; immer überzeugender.	*Auf die Titelfrage habe ich eine eindeutige Antwort: ...* *zuerst – anschließend – an dritter Stelle – und vor allen Dingen* *weil – daher – da – folglich – denn*
Zum **Schluss** fasst du die Ergebnisse zusammen, formulierst ein abschließendes Urteil, und einen Ausblick (oder einen Appell, eine Mahnung).	*Wenn man all das überlegt: ...* *Dann merkt man, dass ...* *Deshalb empfehle ich ...*

Kontrovers erörtern

Das Thema „Fastfood: Ja oder nein?" kontrovers erörtern (dialektisch, antithetisch) bedeutet
- Gründe **dafür** (Pro-Argumente) und **dagegen** (Kontra-Argumente) finden
- und daraus den eigenen Standpunkt ableiten.

Aufbau kontrovers – „Sanduhr"

▶ S. 27

■ Die **Einleitung**	Sie entspricht der ▶ linearen Erörterung.
■ Im **Hauptteil** sammelst du alle **Pro**-Argumente und Beispiele und stellst ihnen anschließend alle **Kontra**-Argumente gegenüber. Beginne mit dem einfachsten Argument und schließe mit dem überzeugendsten.	*Im ersten Teil möchte ich ...* *Das Thema hat aber nicht nur positive Aspekte, sondern auch ...* *Nach diesen Einwänden möchte ich jetzt auf einige positive ...* *Entscheidend finde ich ...*
■ Zum **Schluss** gewichtest du Pro- und Kontra-Argumente und beziehst eine eigene Position.	*Es ist eindeutig so, dass die Argumente und Beispiele kontra Fastfood überwiegen. Deshalb ist mein Urteil klar: ...* *Wägt man das Für und Wider ab, ergibt sich kein klares „Ja" oder „Nein".* *Vielmehr meine ich ...*

Ein Thema, eine Frage kontrovers erörtern nach dem **Ping-Pong-Prinzip** unterscheidet sich in der Einleitung und im Schluss **nicht** von einer „Sanduhr-Erörterung"; aber im Hauptteil:
- In der **Sanduhr**-Erörterung steht die Gruppe der Pro-Argumente **geschlossen** und **getrennt** der Gruppe der Kontra-Argumente gegenüber.
- Bei einer **Ping-Pong**-Erörterung folgen die einzelnen Pro- und Kontra-Argumente **direkt** aufeinander, wie beim Schlagabtausch im (Tisch-)Tennis:

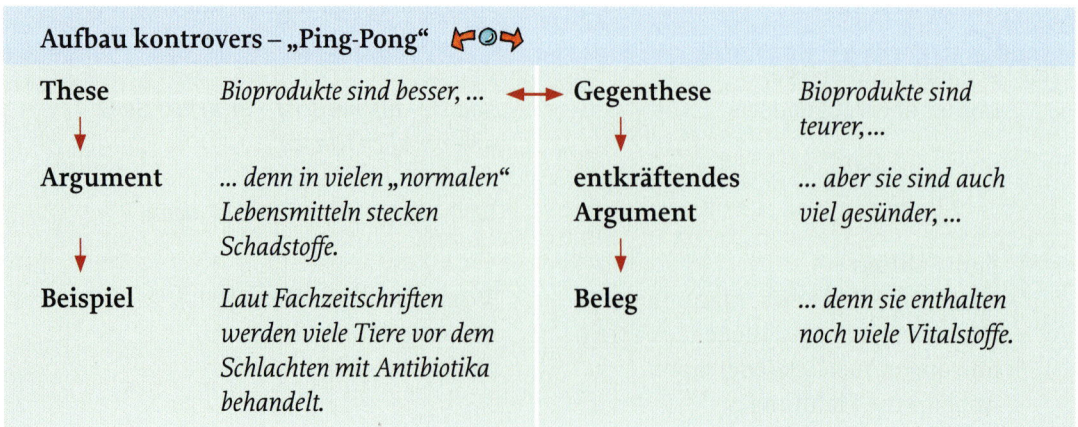

Bei einer Ping-Pong-Erörterung ist die richtige **Reihenfolge** der Pro- und Kontra-Argumente wichtig:
- Argument und Gegenargument/Einwand müssen inhaltlich zusammenpassen.
- Ordne am besten nach „weniger wichtig → (sehr) wichtig".
- Verbindungswörter:
zwar – aber
einerseits – andererseits
Richtig ist ... – Allerdings ...
Wichtig ist ... – Aber noch wichtiger ist ...
obwohl/jedoch/trotzdem/dennoch

Textgebunden erörtern

Eine textgebundene (textbasierte) Erörterung geht von einem fremden Text aus. Hier geht es nicht wie bei einer ▶ freien Erörterung darum, **eigene** Argumente abzuwägen, sondern darum, auf Argumente, Beispiele und Belege aus einem vorgegebenen Text zu reagieren. So kannst du vorgehen:

▶ S. 27

1. Schritt: Die Argumentation eines fremden Textes erschließen
- Versuche seine zentrale Aussage (seine These) in einem Satz zusammenzufassen.
- Gib nacheinander die Argumente (Gründe), Belege und Beispiele an, mit denen der Text seine Hauptaussage untermauert.
- Welche Gedanken und Argumente fehlen deiner Meinung nach?
- Fällt dir an der Sprache, dem Stil des Textes etwas auf? Wie beurteilst du das?

(Bei Schritt 1 ist die ▶ Fünf-Schritt-Lesemethode nützlich.)

▶ S. 134

2. Schritt: Die eigene Meinung zu Text und Thema bilden
- Welche Argumente überzeugen dich, welche nicht?
- Welche Gedanken und Argumente fehlen?
- Was ist deine Meinung zur zentralen Aussage des Textes?
- Notiere Stichpunkte.

3. Schritt: Die Erörterung zum fremden Text schreiben
- Die **Einleitung** nennt das Thema des Textes, Autor/in, Titel (Erscheinungsort und -jahr) und z. B. die Aktualität der Fragestellung.
- Der **Hauptteil** fasst zuerst die zentrale Aussage (These) des Textes zusammen. Anschließend bestätigst, kritisierst oder ergänzt du die fremden Argumente durch eigene Gedanken, Argumente und Beispiele. Folge am besten der Reihenfolge des fremden Textes.
- Zum **Schluss** beziehst du deine eigene Position zum Thema. Ein Appell, ein Blick in die Zukunft können sich anschließen.

Ein Tipp: Wichtige Aussagen des Textes kannst du wörtlich ▶ zitieren oder nur ▶ indirekt wiedergeben.

▶ S. 30
▶ S. 108

Ein Leserbrief

Er ist eine textgebundene Erörterung, die sich an einen Zeitungsartikel anschließt. Für die **Vorbereitung** und den **Aufbau** eines Leserbriefs kannst du dich an die drei Schritte im vorangehenden Abschnitt halten.

▶ S. 21, 20

Zur äußeren **Form** beachte ▶ Bewerbungsschreiben und ▶ offizielle Briefe:
- Die **Betreffzeile** nennt den Zeitungsartikel (mit Quellenangabe; siehe unten), auf den du dich beziehst.
- Als Anredeform kannst du den/die Artikelschreiber/in persönlich ansprechen *(Sie schreiben in …)*; oder dich auf den Artikel beziehen *(In dem Artikel wird …)*.
- In Sprache und Stil richtest du dich am besten nach dem Zeitungsartikel.
- Vermeide Umgangssprache und verletzende Formulierungen.
- Neben der Unterschrift kannst du dein Alter und deine Beschäftigung angeben.

> Betreff: Urs Gasser, Surfen macht schlau; in: Frankfurter Allgemeine Sonntagszeitung, 25.1.2009
>
> Sehr geehrter Herr Gasser,
> ich habe Ihren Artikel über die „Digital Natives" mit großem Interesse gelesen. Ich gehöre nämlich zu dieser Generation. Deshalb wundere ich mich allerdings, …

1.9 Zitieren und Quellen angeben

In einem Leserbrief, einem Aufsatz über eine Kurzgeschichte, ein Gedicht oder einen Sachtext ist es sinnvoll, wichtige Textestellen wortwörtlich und mit Anführungszeichen wiederzugeben (zu **zitieren**):

Zitate und Quellen

- **Zitieren**

Dabei bedeutet *(…)*, dass an dieser Stelle ein Textstück aus dem Original weggelassen wurde.	*Gottfried Kellers Novelle „Kleider machen Leute" beginnt mit den Worten: „An einem unfreundlichen Novembertage wanderte ein armes Schneiderlein auf der Landstraße nach Goldach (…)." (S. 5)*
Dabei bedeutet der Schrägstrich / das Ende des Verses, der Gedichtzeile; *V.* bedeutet „Vers".	*In der zweiten Strophe von E. Kästners „Besuch vom Lande" heißt es: „Sie möchten am liebsten zu Hause sein. / Und finden Berlin zu laut." (V. 9/10)*

- **Quellen angeben**

  ▶ S. 141

Übernehmt ihr z. B. in euer ▶ Portfolio einen guten Zeitungsartikel, einen Buchauszug oder einen Text aus dem Internet, müsst ihr die Fundstelle, die Quelle, genau angeben:	*Soester Anzeiger, 14. 03. 2015, S. 5* *Sabriye Tenberken: Mein Weg führt nach Tibet. Köln 2010, S. 15–17* *http://soester-tafel.de/Presse/2007/SA71213.html; 14. 02. 2012*

1.10 Texte analysieren und interpretieren

Einen Erzähltext (Prosa) interpretieren

Julia Franck

Streuselschnecke

Der Anruf kam, als ich vierzehn war. Ich wohnte seit einem Jahr nicht mehr bei meiner Mutter und meinen Schwestern, sondern bei Freunden in Berlin.
Eine fremde Stimme meldete sich, der Mann nannte seinen Namen, sagte mir, er lebe in Berlin, und fragte, ob ich ihn kennen lernen wolle. Ich zögerte, ich war mir nicht sicher. Zwar hatte ich schon viel über solche Treffen gehört und mir oft vorgestellt, wie so etwas wäre, aber als es so weit war, empfand ich eher Unbehagen. Wir verabredeten uns.
Er trug Jeans, Jacke und Hose. Ich hatte mich geschminkt. Er führte mich ins Café Richter am Hindemithplatz, und wir gingen ins Kino, ein Film von Rohmer*. Unsympathisch war er nicht, eher schüchtern. Er nahm mich mit ins Restaurant und stellte mich seinen Freunden vor. Ein feines, ironisches Lächeln zog er zwischen sich und die anderen Menschen. Ich ahnte, was das Lächeln verriet. Einige Male durfte ich ihn bei seiner Arbeit besuchen. Er schrieb Drehbücher und führte Regie bei Filmen. Ich fragte mich, ob er mir Geld geben würde, wenn wir uns treffen, aber er gab mir keins, und ich traute mich nicht, danach zu fragen. Schlimm war das nicht, schließlich kannte ich ihn kaum, was sollte ich da schon verlangen? Außerdem konnte ich für mich selbst sorgen, ich ging zur Schule und putzen und arbeitete als Kindermädchen. Bald würde ich alt genug sein, um als Kellnerin zu arbeiten, und vielleicht wurde ja auch noch eines Tages etwas Richtiges aus mir.
Zwei Jahre später, der Mann und ich waren uns noch immer etwas fremd, sagte er mir, er sei krank. Er starb ein Jahr lang, ich besuchte ihn im Krankenhaus und fragte, was er sich wünsche. Er sagte mir, er habe Angst vor dem Tod und wolle es so schnell wie möglich hinter sich bringen. Er fragte mich, ob ich ihm Morphium besorgen könne.
Ich dachte nach, ich hatte einige Freunde, die Drogen nahmen, aber keinen, der sich mit Morphium auskannte. Auch war ich mir nicht sicher, ob die im Krankenhaus herausfinden wollten und würden, woher es kam. Ich vergaß seine Bitte.
Manchmal brachte ich ihm Blumen. Er fragte nach dem Morphium, und ich fragte ihn, ob er sich Kuchen wünsche, schließlich wusste ich, wie gerne er Torte aß. Er sagte, die ein-

---
* Eric Rohmer (1920–2010): französischer Filmregisseur

1.10 Sprechen und schreiben – Texte analysieren

fachen Dinge seien ihm die liebsten – er wolle nur Streuselschnecken, nichts sonst. Ich ging nach Hause und buk Streuselschnecken, zwei Bleche voll. Sie waren noch warm, als ich sie ins Krankenhaus brachte.
Er sagte, er hätte gerne mit mir gelebt, es zumindest gern versucht, er habe immer gedacht, dafür sei noch Zeit, eines Tages – aber jetzt sei es zu spät. Kurz nach meinem siebzehnten Geburtstag war er tot.
Meine kleine Schwester kam nach Berlin, wir gingen gemeinsam zur Beerdigung. Meine Mutter kam nicht. Ich nehme an, sie war mit anderem beschäftigt, außerdem hatte sie meinen Vater zu wenig gekannt und nicht geliebt.

▶ S. 72

Aufgabe

Interpretiere die Kurzgeschichte „Streuselschnecke" von ▶ Julia Franck.
Achte besonders auf
- die Hauptfiguren und ihr Verhältnis,
- die Erzählperspektive.

Einen Text **interpretieren** heißt ihn erklären, erläutern, auslegen. Dazu muss man ihn vorher in allen Einzelheiten untersuchen, also **analysieren**.

Analysieren und Interpretieren folgen am besten einem bestimmten ...

Aufbau		
■ Die **Einleitung** nennt Titel, Autor/in, Textsorte, Kernaussage/Thema.		*In der Kurzgeschichte „Streuselschnecke" von ... geht es um ...* *Die Kurzgeschichte ... handelt von ...* *Im Mittelpunkt der Kurzgeschichte ... steht ...* *In der Kurzgeschichte von ... wird beschrieben ...*
▶ S. 18 ▶ S. 15 ▶ S. 58 ▶ S. 48 ▶ S. 124 ▶ S. 121 ▶ S. 46	■ Der **Hauptteil** beginnt mit einer kurzen ▶ Inhaltsangabe, untersucht das äußere und innere Geschehen, beschreibt die Figuren und ihr Verhältnis. Geh auf die Erzählperspektive ein, auf sprachliche Besonderheiten und die typischen Merkmale einer ▶ Kurzgeschichte.	▶ Charakteristik ▶ Figurenkonstellation ▶ Ich-Erzählung Satzaufbau/-länge, ▶ Redeweise der Figuren, Wortwahl, ▶ Bilder, Vergleiche
	■ Zum **Schluss** fasst du die Hauptaussage des Textes zusammen und äußerst dazu deine begründete Meinung.	*Die Kurzgeschichte zeigt auf eindrucksvolle Weise, wie ...* *Mir gefällt die Geschichte, weil ...*

1.10 Sprechen und schreiben – Texte analysieren

So kann deine Interpretation der „Streuselschnecke" angelegt sein:

In der Kurzgeschichte „Streuselschnecke" von Julia Franck geht es um die schwierige Beziehung zwischen Tochter und todkrankem Vater.	Einleitung
Nach seinem überraschenden Anruf trifft sich die Ich-Erzählerin, die bei Freunden in Berlin lebt, regelmäßig mit ihrem Vater, bis dieser schließlich stirbt.	
Die Handlung setzt – typisch für eine Kurzgeschichte – unvermittelt ein mit dem Satz „Der Anruf kam, als ich vierzehn war" (Zeile 1). Im ersten Teil spielt die Geschichte weitgehend im öffentlichen Raum (Café, Kino, Restaurant). Darin spiegelt sich die vorsichtige Annäherung der beiden Hauptfiguren. Erst im zweiten Teil (ab Zeile 35) wird das Verhältnis der Figuren zueinander enger. Im Mittelpunkt stehen jetzt die Besuche am Krankenbett und damit der private Raum …	
Das Geschehen wird in Ich-Form aus der Perspektive des namenlos bleibenden Mädchens wiedergegeben. Die Gedanken und Empfindungen des Vaters …	Hauptteil
Das Verhältnis zwischen Vater und Tochter spiegelt sich in der Sprache: Durchgängig werden die Dialoge in indirekter Rede wiedergegeben, wodurch die reservierte Haltung der Ich-Erzählerin …	
Dies zeigt sich an folgenden Textstellen besonders: „er habe Angst vor dem Tod" (Zeile 39f.) und „jetzt sei es zu spät" (Zeile 61).	
Typisch für eine Kurzgeschichte sind nicht nur der plötzliche Beginn, die Beschränkung auf zwei namenlose Figuren, die nüchterne Sprache, sondern vor allem der überraschende Schluss: Erst im letzten Satz wird die Vaterschaft des Mannes „verraten". Dadurch …	
Deutlich wird in der Kurzgeschichte einerseits die entfremdete Beziehung zwischen Familienmitgliedern. Andererseits zeigt der Schlusssatz, dass die Erzählerin durch den Tod des Vaters …	Schluss
Julia Franck ist es in ihrer Kurzgeschichte sehr gut gelungen, …	

Gliederung und **sprachliche Form** einer Interpretation sind gelungen, wenn du folgende Fragen bejahen kannst:
- Übersichtliche Gliederung durch Absätze?
- Genaue ▶ Zitate und Zeilenangaben?   ▶ S. 30
- Wortwahl abwechslungsreich?
- Satzbau übersichtlich?
- Sind ▶ Rechtschreibung und Zeichensetzung korrekt?   ▶ S. 84 ff.
- Präsens verwendet?

1.10 Sprechen und schreiben – Texte analysieren

Ein Gedicht (Lyrik) interpretieren

Conrad Ferdinand Meyer

Zwei Segel 1882

Zwei Segel erhellend
Die tiefblaue Bucht!
Zwei Segel sich schwellend
Zu ruhiger Flucht!

Wie eins in den Winden
Sich wölbt und bewegt,
Wird auch das Empfinden
Des andern erregt.

Begehrt eins zu hasten,
Das andre geht schnell,
Verlangt eins zu rasten,
Ruht auch sein Gesell.

▶ S. 67

Aufgabe

Interpretiere „Zwei Segel" von ▶ C. F. Meyer:

- Formuliere eine Einleitung.
- Gib den Inhalt wieder. Äußere dich dazu.
- Gehe auf sprachliche und formale Besonderheiten ein. Erläutere, wie sie den Inhalt des Gedichts unterstützen.
- Formuliere die Gesamtaussage der „Zwei Segel" und bewerte sie.

Ein Gedicht untersucht (analysiert) man am besten, indem man es auf einen großen Bogen Papier klebt und mit Hilfe von Farbstiften seine Eindrücke, Ideen und Fragen dazu festhält.

Achte dabei auf folgende …

Aspekte	
Inhalt	
■ Um welche ▶ Art von Gedicht handelt es sich?	*Liebesgedicht, politisches Gedicht …*
■ Was trägt der Titel zum Verständnis bei?	
■ Auf welche/s Thema/Themen stößt du?	*Sehnsucht, Abschied …*
■ Welche Sinnabschnitte bemerkst du?	
■ Wer spricht? Gibt es ein ▶ lyrisches Ich, ein Du?	
■ Welche Stimmung vermittelt das Gedicht?	*Glück, Harmonie, Kritik …*
■ Welche Schlüsselwörter fallen dir auf?	*Segel, Flucht, hasten, rasten …*

▶ S. 51

▶ S. 56

Form		
■ Gedichtart und -form	▶ Sonett, Ballade, Haiku	▶ S. 51 ff.
■ Strophenform	▶ Fünfzeiler, Quartett, Terzett …	▶ S. 54 f.
■ Reime	▶ Kreuzreim, Paarreim …	▶ S. 55
■ Metrum	▶ Jambus, Daktylus …	▶ S. 56
Sprache/Stil		
■ Auffallende/r Wortstellung/Satzbau	▶ Alliteration, Ellipse, Enjambement …	▶ S. 40, 56
■ Gibt es besondere Laute, Klänge?		
■ Welche sprachlichen Bilder kommen vor?	▶ Vergleich, Metapher, Personifikation…	▶ S. 121
■ Gibt es ungewöhnliche Wörter, Schreibweisen?		

So kann eine Interpretation der „Zwei Segel" angelegt sein:

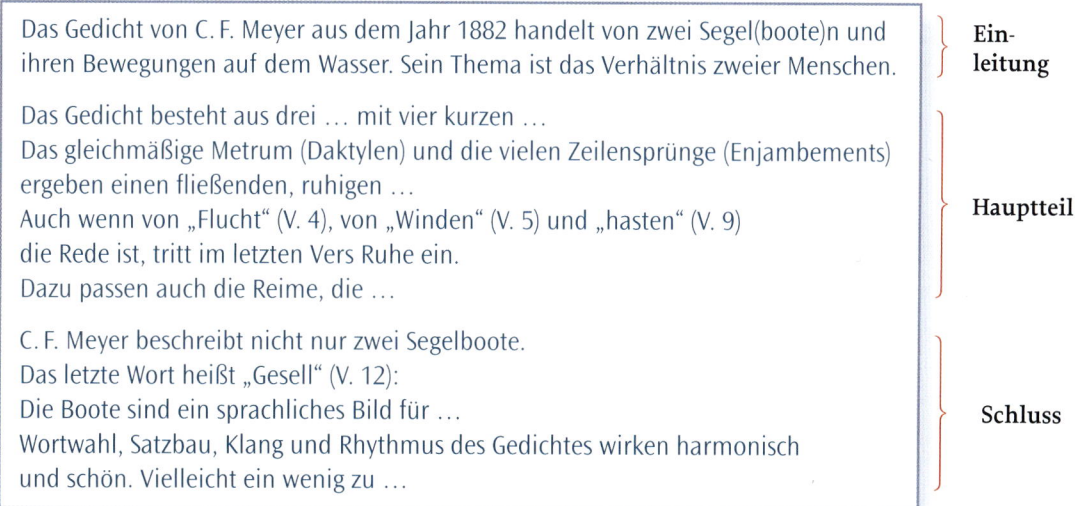

Der **Aufbau** dieser Interpretation lässt sich auf viele andere Gedichte übertragen:
- **Die Einleitung**
  nennt kurz die besondere Art, den Titel, Autor/in und Thema des Gedichts.
- **Der Hauptteil**
  beginnt mit einer strophenweisen Beschreibung des Inhalts.
  Anschließend gehst du auf inhaltliche Einzelheiten und Auffälligkeiten ein.
  Du beschreibst sprachliche Besonderheiten (Bilder, Vergleiche, Wortstellung),
  Betonung und Reim belegst mit passenden Textbeispielen (▶ zitieren).   ▶ S. 30
- **Zum Schluss**
  fasst du die Hauptaussage des Gedichts zusammen und äußerst dazu
  deine begründete Meinung.
- Schreibe die Interpretation im **Präsens**.

Eine Schauspielszene interpretieren

Bertolt Brecht

Mutter Courage und ihre Kinder 1939

8

Der Frieden droht Mutter Courages Geschäft zu ruinieren. Feldlager

Bertolt Brecht (rechts), Helene Weigel als „Mutter Courage" und der Komponist Paul Dessau während einer Theaterprobe am 11.1.1949 in Berlin

DER KOCH	Ja, der Krieg! *Er und Mutter Courage setzen sich.*
MUTTER COURAGE	Koch, Sie treffen mich im Unglück. Ich bin ruiniert.
DER KOCH	Was? Das ist aber ein Pech.
MUTTER COURAGE	Friede bricht mirn Hals. Ich hab auf den Feldprediger sein Rat neulich noch Vorrät eingekauft. Und jetzt wird sich alles verlaufen, und ich sitz auf meine Waren.
DER KOCH	Wie können Sie auf den Feldprediger hörn? [...]
DER FELDPREDIGER *hitzig*	Ich möchte wissen, was Sie das angeht?
DER KOCH	Weils gewissenlos ist, so was! Wie können Sie sich in die Geschäftsführung von andern Leuten einmischen mit ungewünschten Ratschlägen?
DER FELDPREDIGER	Wer mischt sich ein? *Zur Courage*: Ich hab nicht gewusst, dass Sie eine so enge Freundin von dem Herrn sind und ihm Rechenschaft schuldig sind.
MUTTER COURAGE	Regen Sie sich nicht auf, der Koch sagt nur seine Privatmeinung, und Sie können nicht leugnen, dass Ihr Krieg eine Niete war.
DER FELDPREDIGER	Sie sollten sich nicht am Frieden versündigen, Courage! Sie sind eine Hyäne des Schlachtfelds. [...]

Aufgabe

Interpretiere Szene 8 in Bertolt Brechts Schauspiel „Mutter Courage":

- Gehe besonders auf die Hauptfiguren, ihre Beziehungen und Konflikte ein.
- Beachte dabei ihr Gesprächsverhalten.
- Wie wichtig ist Szene 8 für das ganze Schauspiel?

So kannst du die Untersuchung (Analyse) und Deutung (Interpretation)
der Schauspielszene 8 aufbauen:

Aufbau		
■ **Einleitung**	Titel Autor/in Thema	*Die 8. Szene aus Bertolt Brechts Theaterstück „Mutter Courage" (1939) und ihre Kinder handelt vom Streit zwischen dem Feldprediger und dem Koch um die Zuneigung der Hauptfigur.*
■ **Hauptteil**	Stellung der Szene im großen Zusammenhang	*Dem Streit vorausgegangen ist die Nachricht vom Ende des Krieges, was Mutter Courage die Kriegsgeschäfte verdirbt. Szene 8 zeigt Mutter Courage auf dem Tiefpunkt ihrer geschäftlichen Laufbahn: „Koch, Sie treffen mich im Unglück. Ich bin ruiniert." (Z. 102 f.)*
	Inhalt der ganzen Szene	*Die Nachricht vom „Ausbrechen" des Friedens ruft bei den Figuren unterschiedliche Reaktionen hervor. Mutter Courage entscheidet sich im Streit zwischen Koch und Feldprediger für den Koch, weil … Thema der 8. Szene ist also die unterschiedliche Einstellung der Figuren zum Frieden …*
	Die Figuren und ihr Verhältnis (Konflikt)	*Während Mutter Courage …, ist der Feldprediger der Diener der Mächtigen. Der Koch ist demgegenüber Mutter Courage in seiner Geschäftstüchtigkeit verwandt. Er deutet an, dass er ihr gerne zur Hand gehen würde: „Ich käm gern in irgendeinen Handel mit was." (Z. 154 f.)*
	Gesprächsverhalten	*Mutter Courage und der Koch sprechen beide Umgangssprache („Ich hab auf den Feldprediger sein Rat …", Z. 7 f.), der Feldprediger dagegen drückt sich gebildet aus („eine Hyäne des Schlachtfelds", Z. 22). Daran erkennt man gleich, dass …*
	Bedeutung von Szene 8 insgesamt	*In der 8. Szene wird das Thema des ganzen Dramas auf den Punkt gebracht: der Zusammenhang von Krieg und Geschäft. Dies zeigt sich darin, dass …*
■ **Schluss**	Begründete Wertung Stellungnahme	*Die 8. Szene zeigt klar B. Brechts Kritik an Krieg und Kriegsgeschäften. Dabei überzeugt mich am meisten, dass er …*

Achte bei der Szenenanalyse darauf, deine Einschätzungen
- mit ▸ Zitaten und Zeilenangaben zu belegen.   ▸ S. 30
- Schreibe die ganze Interpretation im **Präsens**.

Eine Rede analysieren

> Meine Damen und Herren! Politik bedeutet, und davon sollte man ausgehen, das ist doch, ohne darum herumzureden, in Anbetracht der Situation, in der wir uns befinden. Ich kann meinen politischen Standpunkt in wenigen Worten zusammenfassen: Erstens das Selbstverständnis unter der Voraussetzung, zweitens und das ist es, was wir unseren Wählern schuldig sind, drittens die konzentrierte Beinhaltung als Kernstück eines zukunftsweisenden Parteiprogramms ...

So beginnt Loriots „Bundestagsrede"...

Willst du eine Rede analysieren, kannst du so vorgehen:
- Markiere **Schlüsselwörter** und -wendungen.
- Fasse **Sinnabschnitte** durch (Stichwort-)Überschriften zusammen.
- Zähle die **Hauptgedanken** (Thesen und Argumente) der Rede stichpunktartig auf.
- Halte die besondere **Wortwahl** fest:
  Fremd-/Fachwörter, (Schlag-)Wörter mit positiver/negativer Nebenbedeutung

  ▶ S. 121 (▶ Konnotation);
  sprachliche Bilder, Vergleiche, Wortspiele.
- Kennzeichne den auffälligen **Satzbau**:
  Laut- und Wortwiederholungen,
  paralleler/entgegengesetzter Satzbau
- ▶ S. 40 Markiere besondere ▶ rhetorische Mittel.

Hier ein Beispiel, wie du deine Redeanalyse gliedern, aufbauen kannst:

Aufbau

- Geh in der **Einleitung**
  kurz ein auf
  den/die Redner/in, die Rede mit
  Titel und Thema,
  den Anlass – Warum? Wo? – und
  die Adressaten.

In seiner Rede vom 30. Januar 2003 zum 60. Jahrestag der „Weißen Rose" erinnert Bundespräsident Johannes Rau an ...

■ Nenne im **Hauptteil** die wichtigsten Gedanken / Thesen und Argumente der Rede, die Aussageabsicht (Intention) des/der Redenden.	*Im ersten Redeteil (Z. 1–30) stellt Rau den Widerstand der „Weißen Rose" gegen das Nazi-Regime dar und …*
	Im Mittelteil (Z. 31–104) geht der Bundespräsident auf die politischen Vorstellungen der Widerstandskämpfer ein und …
	Am Ende (ab Z. 105) steht der Blick in die Zukunft, bei dem deutlich wird …
	Rau appelliert an die jetzt lebende Generation, sich wie die Mitglieder der „Weißen Rose" aktiv und mutig für …
	Er geht dabei von der These aus, dass …
	Der Präsident stützt seine Behauptung durch mehrere Argumente: …
	Am Schluss seiner Rede steht die Forderung …
Gehe auf sprachliche und stilistische Besonderheiten ein; erläutere ihre Wirkung.	*Die Rede ist leicht zu verstehen, woraus man schließen kann, dass Johannes Rau ein breites Publikum …*
	An mehreren Stellen seiner Rede (z. B. Z. 45, 87, 114) verwendet er in Form einer Anapher das Personalpronomen „wir" und versucht so, ein Gemeinschaftsgefühl zu erzeugen.
	Die Schlusspassage, die von den Beweggründen der „Weißen Rose" handelt, wird durch eine direkte Frage eingeleitet (Z. 415 ff.), die dem Publikum deutlich machen soll, wie wichtig Mitmenschlichkeit für das Handeln auch in unserer heutigen Gesellschaft ist.
	In Form einer Steigerung (Z. 441–446) wird zum Schluss das wünschenswerte Verhalten folgender Generationen aus dem Verhalten der „Weißen Rose" abgeleitet.
■ Fasse am **Schluss** den Hauptgedanken der Rede zusammen und begründe deine Zustimmung oder deine Einwände.	*Der Bundespräsident beleuchtet in seiner Rede einen zentralen Aspekt des Widerstands, der für mich ganz neu ist. Ich finde seine Überlegungen deshalb sehr überzeugend, weil …*

1.10 Sprechen und schreiben – Texte analysieren

▶ S. 104 Da die Rede, die analysiert wird, immer vergangen ist, kann man im ▶ Präteritum über sie schreiben:
*Bundespräsident Johannes Rau **erinnerte** daran, ...*

Betrachtet man die Rede aber als etwas, was auch heute noch Gültigkeit hat, kann man auch das **Präsens** verwenden, und zwar durchgehend:
*Johannes Rau **erinnert** daran, ..., und er **hebt** hervor, ...*

Rhetorische Figuren	
Das sind besondere sprachlich-stilistische Mittel, die ein/e Redner/in (griech. „rhetor") einsetzt, um das Publikum zu beeinflussen; z. B.:	
■ wiederholte persönliche Anrede des Publikums	*Meine Damen und Herren, liebe junge Freunde!*
■ Wecken eines Gemeinschaftsgefühls mit Hilfe von „wir" („Wir-Gefühl")	*Wir wollen nie vergessen, was ...*
■ Aufruf und Appelle durch ▶ Imperative	*Denkt immer daran, und handelt so, ...!*
■ (Schlag-)Wörter mit positiven und negativen ▶ Konnotationen	*Freiheit und Demokratie statt Diktatur und Zwang*
■ anschauliche ▶ Vergleiche, Metaphern, Wortspiele	*quälende Diskussionen; der Wahrheit offen ins Auge sehen; Unser Land ist kein Hühnerstall, in dem alles durcheinanderläuft und gackert ...*
■ auffällige Lautwiederholungen (Alliteration), Wortwiederholungen (Anaphern), paralleler Satzbau	***D**unkle **D**inge **d**rohen uns allen.* *Wir wissen heute, ...* *Wir wissen damit auch, ...* *Wir wissen für alle Zeiten, ...*
■ rhetorische (scheinbare) Frage	*Wollen Sie das wirklich?*
■ verschleierndes, beschönigender Wortgebrauch (Euphemismus)	*Leider sehen wir uns gezwungen, zum Jahresende 250 Arbeitsplätze abzubauen. (= 250 Personen zu entlassen)*
■ steigernder Wortgebrauch (Klimax)	*flink wie ein Wiesel, schweigsam wie ein Grab, treu wie Gold*
■ Spott, Ironie	*Ich befürchte, dass wir uns an den Kernen unserer Kernkraftwerke fürchterlich die Zähne ausbeißen werden!*
■ wirkungsvolle Gegensätze	*Wir haben keinen Grund, uns heute ... Aber wir haben zwei Gründe, uns morgen ...*

▶ S. 103 (Aufruf und Appelle)
▶ S. 121 (Schlag-Wörter)
▶ S. 121 (anschauliche Vergleiche)

Zu einem Sachtext Stellung nehmen

Urs Gasser

Surfen macht schlau

Die erste Generation junger Menschen, die sich ein Leben ohne Google, Facebook und YouTube nicht mehr vorstellen können, […] wird nun volljährig. Wir bezeichnen sie als „Digital Natives"*. Sie sind ständig von digitalen Geräten umgeben und Meister des Multitasking. Sie beziehen Nachrichten – „News" – vor allem aus dem Internet und spielen „Games", statt Bücher zu lesen. […]

* Digital Native: Person, die von klein auf an Computer und Internet gewöhnt ist.

Aufgabe

Wie gehen die „Digital Natives" mit PC und Internet um?

- Stelle dar, welche Position Urs Gasser zu der Frage einnimmt.
- Nimm zu der Meinung des Autors begründet Stellung.

Hier eine Möglichkeit, wie du deine Textanalyse gliedern kannst:

Aufbau		
Die **Einleitung** nennt zuerst das Thema, nach Möglichkeit einen aktuellen Bezug und erwähnt Autor/in und Text(art), worauf du im folgenden Hauptteil eingehst.	Mögliche Textarten: (Zeitungs-)Bericht, ▶ Reportage, Rede, Sachbuch-Auszug, Kommentar, Zeitschriftenartikel	▶ S. 76
Der **Hauptteil** fasst zu Beginn kurz die zentrale **Position des Autors** zum Thema zusammen. Anschließend bestätigst du, kritisierst oder ergänzt du die fremden Argumente durch eine **eigene Position**, Argumente und Beispiele. Folge dabei der Reihenfolge des Textes. Oder hebe dir das wichtigste Argument für den Schluss auf. Fällt dir etwas Besonderes an der Sprache, dem Stil des Textes auf? Welche Absicht, welche Wirkung steht dahinter?	▶ Fünf-Schritt-Lesemethode ▶ Talking to the text ▶ Textgebunden erörtern ▶ Rhetorische Figuren	▶ S. 134 ▶ S. 134 ▶ S. 29 ▶ S. 40
Zum **Schluss** fasst du deine eigene Position zum Thema zusammen. Ein Appell an die Leser/innen kann sich anschließen.		

2 Umgang mit Texten und Medien

Auch wenn eure Bibliothek anders aussieht als das große „Jacob-und-Wilhelm-Grimm-Zentrum" in Berlin – alle Texte und Medien, die hier wie dort angeboten werden, sind von derselben Art:

- Literatur und Dichtung
- Sachtexte

▶ S. 60
▶ S. 41

Beide handeln von uns Menschen und der Welt; in der ▶ Literatur und Dichtung am Beispiel erfundener, „erdichteter" Figuren und Ereignisse; in ▶ Sachtexten mit Hilfe von Personen und Fakten aus der Wirklichkeit.

Literarische Texte mit ihren erfundenen Gestalten, Ereignissen und Eindrücken lassen uns über die Wirklichkeit nachdenken.
Sachtexte liefern uns in erster Linie möglichst eindeutige Informationen über die Wirklichkeit.

Um beide Text- und Medienarten geht es in diesem Kapitel.

2.1 Prosa – erzählende Literatur

Die „erzählende Literatur" (auch „Epik" genannt) umfasst die ▶ Kurzgeschichte von nur einer Seite genauso wie den ▶ Roman mit 400 Seiten.

Man unterscheidet folgende Textarten:

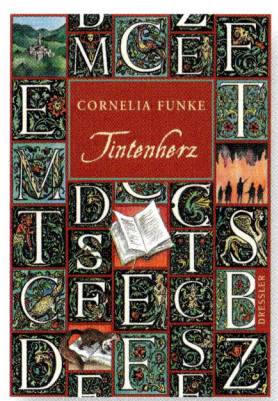

▶ S. 46

▶ S. 47

Anekdote

Eine Anekdote ist eine ganz kurze, oft witzige Geschichte zur blitzlichtartigen Charakterisierung einer nicht selten historischen Persönlichkeit (König/in, Feldherr, Politiker/in).
Sie konzentriert sich auf das Wesentliche, ist knapp formuliert und endet oft in einer Pointe.

> Johann Peter Hebel
>
> **Der Rekrut**
>
> Zum schwäbischen Kreiskontingent kam im Jahr 1795 ein Rekrut, der ein schöner, wohlgewachsener Mann war. Der Offizier fragte ihn, wie alt er sei. Der Rekrut antwortete: „Einundzwanzig Jahre. Ich bin ein ganzes Jahr lang krank gewesen, sonst wär ich zweiundzwanzig."

Kalendergeschichte

Kalender waren in vergangenen Jahrhunderten neben der Bibel in vielen (Bauern-)Häusern die einzigen Bücher. Sie enthielten neben den Tagen, Wochen, Monaten des Jahres auch Wissenswertes (Kochrezepte, Beschreibungen von Heilpflanzen, Wetterregeln), dazu Geschichten, die von seltsamen Begebenheiten in der Welt erzählten.

Diese **Kalendergeschichten** sind unterhaltsam, belehren zugleich und haben ein kluges, listiges oder dummes Verhalten zum Thema.
Die Geschichten mussten – ähnlich wie Anekdoten (siehe oben) – so kurz sein, dass man sie nach Feierabend „zwischendurch" lesen konnte.

> Johann Peter Hebel
>
> **Das Mittagessen im Hof**
>
> Man klagt häufig darüber, wie schwer und unmöglich es sei, mit manchen Menschen auszukommen. Das mag denn freilich auch wahr sein. Indessen sind viele [...]

> Bertolt Brecht
>
> **Kalendergeschichten**
>
> Herr K. sprach über die Unart, erlittenes Unrecht stillschweigend in sich hineinzufressen, und erzählte die folgende Geschichte [...]

Märchen

Märchen sind fantastisch-wunderbare, erfundene Geschichten ohne namentlich bekannte Autoren. Sie sind lange vor der Zeit des Buchdrucks entstanden, mündlich weitererzählt und erst später gesammelt und aufgeschrieben worden. (Die berühmteste deutsche Märchensammlung von Jacob und Wilhelm Grimm erschien erstmals 1812).

▶ S.65

Märchen haben wiederkehrende Merkmale: Die Begegnung mit dem Wunderbaren und Übernatürlichen ist selbstverständlich und natürlich.

- Ort und Zeitpunkt der Handlung sind nicht festgelegt.
- Oft enthalten sie feste sprachliche Formeln, z. B.:
  Es war einmal ...,
  Und wenn sie nicht gestorben sind ...
- Gut und Böse treffen aufeinander. Am Ende siegt das Gute und das Böse wird bestraft.
  Dieser Gegensatz wird manchmal auch als *fleißig – faul,*
  arm – reich,
  schön – hässlich
  usw. dargestellt.
- Es treten typische Figuren auf, z. B.:
  König und Königin,
  Prinz und Prinzessin,
  Handwerker und Gesellen,
  die böse Stiefmutter,
  aber auch fantastische Figuren wie
  sprechende Tiere, Feen, Hexen,
  Riesen, Zwerge, Zauberer.
- Häufig müssen Prüfungen bestanden werden.
- Alltägliche Gegenstände können Zauberkraft haben. Oft spielen magische Zahlen eine Rolle:
  drei Wünsche
  sieben Zwerge
  zwölf Riesen

Die Brüder Grimm

Fundevogel

Es war einmal ein Förster, der ging in den Wald auf die Jagd, und wie er in den Wald kam, hörte er schreien, als ob's ein kleines Kind wäre. Er ging dem Schreien nach und kam endlich zu einem hohen Baum und oben darauf saß ein kleines Kind. Es war aber die Mutter mit dem Kinde unter dem Baum eingeschlafen und ein Raubvogel hatte das Kind in ihrem Schoße gesehen: Da war er hinzugeflogen, hatte es mit seinem Schnabel weggenommen und auf einen hohen Baum gesetzt. Der Förster stieg hinauf, holte das Kind herunter und dachte: „Du willst das Kind mit nach Haus nehmen und mit deinem Lenchen zusammen aufziehn." Er brachte es also heim und die zwei Kinder wuchsen miteinander auf. Das aber, das auf dem Baum gefunden worden war und weil es ein Vogel weggetragen hatte, wurde „Fundevogel" geheißen. Fundevogel und Lenchen hatten sich so lieb, nein, so lieb, dass, wenn eins das andere nicht sah, ward es traurig. Der Förster […]

Fabel

Fabeln werden in allen Kulturen der Erde seit Jahrtausenden erzählt (lateinisch *fabula* „Rede, Erzählung") und üben Kritik an gesellschaftlichen Missständen oder menschlichen Verhaltensweisen.

In der Fabel handeln und sprechen Tiere, die menschliche Charaktereigenschaften verkörpern: Der Fuchs gilt als schlau, der Esel als dumm, der Löwe als mächtig, der Wolf als gierig.
Die Tiere sind häufig Gegner (Fuchs gegen Rabe, Wolf gegen Lamm, Löwe gegen Esel), die Streitgespräche führen, an deren Ende der Stärkere oder der Listigere siegt.
Aus einer Fabel soll man eine Lehre für das eigene Verhalten ziehen. Meist wird sie am Ende als „Moral" eigens formuliert.
Neben Fabeln in Prosa gibt es auch Vers-Fabeln.

Lügen- und Schelmengeschichte

Im Gegensatz zu den Lügen im Alltag will der Erzähler einer **Lügengeschichte** seine Zuhörerschaft nicht wirklich täuschen, er will sie mit seinen fantastischen Erfindungen vielmehr unterhalten.
Oft gibt er augenzwinkernd zu verstehen, dass er das Blaue vom Himmel herunterlügt; häufig gerade dadurch, dass er in auffallender Weise die „Glaubwürdigkeit" seiner unwahrscheinlichen Geschichte betont.
Die klassische Lügengeschichte wird in der Ich-Form erzählt, um den Zuhörenden zu versichern, alles sei wirklich in eigener Person erlebt.

Äsop

Von Fuchs und Hahn

Ein hungriger Fuchs kam in ein Dorf und fand einen Hahn. Zu dem sprach er also: „O mein Herr Hahn, welche schöne Stimme hat dein Herr Vater gehabt! Ich bin darum zu dir hierhergekommen, dass ich deine Stimme hören möchte. Darum bitt ich dich, dass du mir singst mit lauter Stimme, damit ich hören möge, […] ."

Orientalischer Schwank

Gohas Besuch beim König

Eines Tages hörte Goha, dass der König eine große Feier aus Anlass der Hochzeit seiner Tochter geben und zu diesem Fest ein großes Essen anrichten lassen wollte. Als Goha, der leidenschaftlich gerne aß, nun erfuhr, dass er nicht zu den auserwählten Gästen gehörte, überlegte er, wie er dennoch an dem Fest teilnehmen könnte. […]

Der Held einer **Schelmengeschichte** (auch „Schwank") ist ein spaßiger, oft auch ein listiger, gerissener Mann. Meist stammt er aus einfachen Verhältnissen. Mit seinen Streichen bringt er seine Mitmenschen zum Lachen. Oder er macht sich über sie lustig und überlistet sie. Damit deckt er menschliche Schwächen und Fehler auf (▶ Satire).   ▶ S. 47

Sage

Sagen sind ursprünglich mündlich überlieferte Erzählungen, die vom Anfang der Welt, von Göttern und Göttinnen, Helden und ihren Taten handeln („Heldensagen"). Häufig geht es in ihnen um Kampf und Bewährung, um Sieg und Niederlage und um abenteuerliche Reisen. Ungeheuer, Zauberinnen, Zwerge und Riesen sind in der Welt der Sagen natürliche Lebewesen.

▶ S. 44 Oft haben die Sagen – anders als ▶ Märchen – einen wahren Kern. Sie enthalten Erinnerungen an wirkliche geschichtliche Ereignisse und sind oftmals an auffindbare Orte gebunden (Lokal-/Heimatsagen).

Der Rattenfänger von Hameln

Im Jahr 1284 ließ sich zu Hameln ein wunderlicher Mann sehen. Er hatte einen Rock von vielfarbigem, buntem Tuch an, weswegen er Bundtling soll geheißen haben. Er gab sich für einen Rattenfänger aus, indem er versprach, gegen ein gewisses Geld die Stadt von allen Mäusen und Ratten zu befreien. Die Bürger wurden mit ihm einig und versicherten ihm einen bestimmten Lohn. […]

Kurzgeschichte

Kurzgeschichten erschienen in Deutschland im Stil amerikanischer „short storys" erstmals nach dem Zweiten Weltkrieg und behandelten Themen der Kriegs- und Nachkriegszeit.

▶ S. 31 Eine typische ▶ Kurzgeschichte
- beleuchtet blitzartig einen wichtigen Abschnitt im Leben eines Menschen.
- Ein einzelnen Geschehen („eine unerhörte Begebenheit") wird in den Mittelpunkt gestellt.
- Die Handelnden sind „Alltagsmenschen", Wortwahl und Satzbau einfach.
- Der Anfang ist unvermittelt („ein Sprung mitten hinein ins Geschehen").
- Der Schluss ist offen und fordert die Lesenden auf, selbst über ein Ende und eine „Lösung" nachzudenken.

Wolfgang Borchert

Das Brot

Plötzlich wachte sie auf. Es war halb drei. Sie überlegte, warum sie aufgewacht war. Ach so! In der Küche hatte jemand gegen einen Stuhl gestoßen. Sie horchte nach der Küche. Es war still. Es war zu still, und als sie mit der Hand über das Bett neben sich fuhr, fand sie es leer. Das war es, was es so besonders still gemacht hatte, sein Atem fehlte. […]

Novelle

Eine Novelle (ital. *novella* „kleine Neuigkeit") erzählt von einem ungewöhnlichen Ereignis, das die Hauptfigur/en in Verwicklungen und Konflikte stürzt.
Ein Höhepunkt bringt die Wende und führt rasch zu Lösung und Schluss.

Siegfried Lenz

Schweigeminute

„Wir setzen uns mit Tränen nieder", sang unser Schülerchor zu Beginn der Gedenkstunde, dann ging Herr Block, unser Direktor, zum bekränzten Podium. Er ging langsam, warf kaum einen Blick in die vollbesetzte Aula; vor Stellas Photo, das auf einem hölzernen Gestell vor dem Podium stand, […]

Parabel

Das ist eine kurze Geschichte, in der das Denken, Reden und Verhalten der Figuren oft rätselhaft ist und nur schwer erklärt werden kann (von griechisch „nebeneinanderwerfen", „Gleichnis").
Es geht darin meist um allgemeine Erkenntnisse, Lebensweisheiten und Verhaltensempfehlungen.

Franz Kafka

Eine kaiserliche Botschaft

Der Kaiser – so heißt es – hat Dir, dem Einzelnen, dem jämmerlichen Untertanen, dem winzig vor der kaiserlichen Sonne in die fernste Ferne geflüchteten Schatten, gerade Dir hat der Kaiser von seinem Sterbebett aus eine Botschaft gesendet. [...]

Satire

nennt man eine Spottdichtung, die Kritik an menschlichen Schwächen, Fehlern und gesellschaftlichen Missständen übt. Dabei bedient sie sich der Über- oder Untertreibung, der Verzerrung und der Ironie (= etwas sagen und das Gegenteil davon meinen).

Sabine Matthäus

Muntere Deutschstunde

Erwartungsvoll schritt Frau Munter an diesem Montagmorgen den Gang entlang. Wie immer freute sie sich auf den Unterricht in der 10 c.
In Deutsch nahmen sie eben „Kurzgeschichten" durch, ein Thema, das die Klasse völlig begeisterte.
„Frau Munter", sagte Alexander erleichtert, „wir befürchteten schon, die Stunde fällt aus." [...]

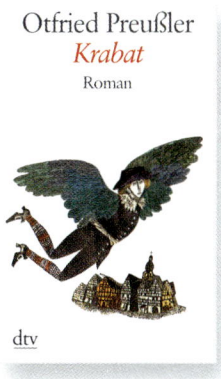

Roman

nennt man einen Erzähltext größeren Umfangs, in dem meist vielschichtige Lebenszusammenhänge über viele Jahre dargestellt werden. Um zahlreiche Figuren ranken sich Haupt- und Nebenhandlungen. Man unterscheidet z. B. historische Romane, Kinder- und Jugendromane, Kriminal- und Liebesromane, Science-Fiction-/Horror-/Fantasy-Romane.

Otfried Preußler

Krabat

Die Mühle im Koselbruch
Es war in der Zeit zwischen Neujahr und dem Dreikönigstag. Krabat, ein Junge von vierzehn Jahren damals, hatte sich mit zwei anderen wendischen Betteljungen zusammengetan und obgleich Seine allerdurchlauchtigste Gnaden, der Kurfürst von Sachsen, das Betteln und Vagabundieren in Höchstderoselben Landen bei Strafe verboten hatten (aber die Richter und sonstigen [...]

Merkmale des Erzählens

So verschieden Anekdote, Märchen, Kurzgeschichte und Roman sein mögen – es gibt einige Erzählmerkmale, die immer wieder auftauchen:

- **Autor/in** und **Erzähler/in** einer Geschichte dürfen nicht miteinander verwechselt werden!
  Erzählt werden kann z. B. aus der Perspektive einer 14-jährigen Jugendlichen.
  Geschrieben hat den Text aber eine 30-jährige Autorin oder vielleicht sogar ein 50-jähriger Autor.

Julia Franck (*1970)

Streuselschnecke

Der Anruf kam, als ich vierzehn war. Ich wohnte seit einem Jahr nicht mehr bei meiner Mutter und meinen Schwestern, sondern bei Freunden in Berlin.
Eine fremde Stimme meldete sich, der Mann nannte seinen Namen, sagte mir, er lebe in Berlin, und fragte, ob ich ihn kennen lernen wolle. Ich zögerte, ich war mir nicht sicher. Zwar hatte ich schon viel über solche Treffen gehört und mir oft vorgestellt, wie so etwas wäre, aber als es so weit war, empfand ich eher Unbehagen. […] ▶ S. 31

- In einer **Ich-Erzählung** ist der Erzähler oder die Erzählerin selbst in das Geschehen verwickelt; sie schildern die Ereignisse aus ihrer persönlichen Sichtweise (**Ich-Perspektive**).

Chloë Rayban

Models

Die „anderen" waren alle umwerfend gut aussehende Mädchen. Und das wussten sie auch genau. **Ich** erregte einiges Aufsehen. Ein richtiger Primitivling mitten unter ihnen. Plötzlich fühlte **ich** mich furchtbar massig und männlich und total fehl am Platz. **Ich** fuhr mir mit einem Finger übers Kinn – rasieren hätte vielleicht nicht geschadet. Ein kurzer Blick auf meine Fingernägel bestätigte mir, […]

- **Personales Erzählen** geschieht auch aus der Perspektive einer bestimmten Person, nur nicht so direkt wie in einer Ich-Erzählung.

Myron Levoy

Ein Schatten wie ein Leopard

Ramon Santiago spürte das Messer in seiner Tasche, das Messer, das auf Knopfdruck eine fünfzehn Zentimeter lange Klinge herausschnappen ließ. Er konnte den Schweiß auf Harpos Gesicht sehen, als sie sich auf dem Treppenabsatz zusammenkauerten. Ja, Harpo schwitzte. Gut, dachte Ramon. Ich bin nicht der Einzige, der Angst hat. […]

Auktoriales
("allwissendes") **Erzählen** geht nicht von einer bestimmten Figur aus, sondern hat alle Figuren und das gesamte vergangene, gegenwärtige und zukünftige Geschehen im Blick.

Das Parfum
Patrick Süskind

[…] Da wir Madame Gaillard an dieser Stelle der Geschichte verlassen und ihr auch später nicht mehr begegnen werden, wollen wir in ein paar Sätzen das Ende ihrer Tage schildern […]. Gott sei Dank ahnte Madame Gaillard nichts von diesem ihr bevorstehenden Schicksal, als sie […]

Außensicht
Eine Erzählung kann sich auf die Wiedergabe der äußeren Handlung beschränken, die Außensicht der Figuren.

Felix Huby
Barfuß im Sand

[…] Bienzle stemmt sich aus seinem Sessel heraus und ließ langsam den Zigarillo vom linken in den rechten Mundwinkel wandern. „Wissen Sie was, Haußmann, Sie sind gar nicht so dumm." Bienzle umrundete seinen Schreibtisch […]

Innensicht
Eine Erzählung kann neben der äußeren Handlung auch die Innensicht der Figuren bieten, die innere Handlung, Gefühle, Ängste, Wünsche.

Margret Steenfatt
Im Spiegel

[…] Was war das für ein NICHTS, von dem sie redeten und vor dem sie offensichtlich Angst hatten, fragte sich Achim, unter Decken und Kissen vergraben. […] Er starrte gegen die Zimmerdecke. – Weiß. Nichts. Ein unbeschriebenes Blatt Papier, ein ungemaltes Bild, eine tonlose Melodie […]

Innerer Monolog
Die innere Handlung lässt sich sehr gut mit dem inneren Monolog wiedergeben, dem stummen Selbstgespräch einer Figur in der 1. Person Singular; oft mit Fragen, Gedankensprüngen und -unterbrechungen, auch mit ▸ Umgangssprache, Ausrufen (hier rechts im zweiten Absatz).

Susanne Koppe
Die Armee der schwarzen Soldaten

[…] „Mick, meinst du nicht, dass du zumindest zuhören und versuchen solltest, dem Text im Buch zu folgen? Ich weiß, dass du eine Behinderung hast, aber das ist keine Entschuldigung dafür, überhaupt nicht aufzupassen. […]"
Behindert! Sie hat behindert gesagt! Vor allen anderen! Es hört sich so an, als müsste ich dankbar sein, dass ich in diesem Klassenzimmer sitzen dürfte. […] Sie ist so gemein! Sie ist der gemeinste Mensch, den ich überhaupt kenne […]

▸ S. 124

2.2 Umgang mit Texten und Medien – Lyrik

■ **Erlebte Rede**
Stehen die Gedanken einer Figur in der 3. Person Singular, spricht man von „erlebter Rede".

James Joyce
Eveline

[…] Sie hatte sich bereit erklärt fortzugehen, ihre Heimat zu verlassen. War das klug? Sie versuchte, die Frage nach jeder Seite zu ergründen. In ihrer Heimat hatte sie auf jeden Fall Schutz und Nahrung; sie hatte die Menschen, die sie ihr ganzes Leben lang um sich gehabt hatte. Natürlich musste sie schwer arbeiten, sowohl zu Hause als auch im Geschäft. Was würde man über sie im Geschäft sagen, wenn man erfuhr, dass sie mit einem Mann fortgelaufen war? […]

2.2 Lyrik – Gedichte

Kürzere Verszeilen, Strophen, Reime, besondere Wortbetonungen und ungewöhnliche Ausdrucksweise unterscheiden die Lyrik von der „erzählenden Literatur" (▶ Prosa) und der Alltagssprache.

▶ S. 43

Unterscheiden lassen sich folgende …

Bertolt Brecht
Kinderhymne 1950

Anmut sparet nicht noch Mühe
Leidenschaft nicht noch Verstand
Daß ein gutes Deutschland blühe
Wie ein andres gutes Land.

Daß die Völker nicht erbleichen
Wie vor einer Räuberin
Sondern ihre Hände reichen
Uns wie andern Völkern hin.

Und nicht über und nicht unter
Andern Völkern wolln wir sein
Von der See bis zu den Alpen
Von der Oder bis zum Rhein.

Und weil wir dies Land verbessern
Lieben und beschirmen wir's
Und das liebste mag's uns scheinen
So wie andern Völkern ihrs.

Gedichtarten

- In der **Naturlyrik** kommt die Natur selbst zur Sprache bzw. der Mensch in seinem Verhältnis zu ihr.

> Matthias Claudius
>
> **Abendlied** 1779
>
> Der Mond ist aufgegangen,
> Die goldnen Sternlein prangen
>   Am Himmel hell und klar;
> Der Wald steht schwarz und schweiget,
> Und aus den Wiesen steiget
>   Der weiße Nebel wunderbar.
> […]

- **(Groß-) Stadtlyrik** hat die Stadt zum Gegenstand mit ihren für den Menschen faszinierenden oder bedrohlichen Aspekten (Anonymität, Hektik, Verschmutzung usw.).

> Erich Kästner
>
> **Besuch vom Lande**
>
> Sie stehen verstört am Potsdamer Platz.
> Und finden Berlin zu laut.
> Die Nacht glüht auf in Kilowatts.
> Ein Fräulein sagt heiser:
> „Komm mit, mein Schatz!"
> Und zeigt entsetzlich viel Haut.
> […]

- **Erlebnislyrik** bringt ein besonderes Erlebnis zum Ausdruck.

> Johann Wolfgang Goethe
>
> **Ein Gleiches** 1801
>
> Über allen Gipfeln
> Ist Ruh,
> In allen Wipfeln
> Spürest du
> Kaum einen Hauch;
> Die Vögelein schweigen im Walde,
> Warte nur! Balde
> Ruhest du auch.

- **Liebeslyrik** hat die persönliche Beziehung zweier Menschen zum Thema.

> Anonym
>
> **Du bist mîn, ich bin dîn** ca. 1180
>
> Du bist mîn, ich bin dîn,
> des solt du gewis sîn.
> Du bist beslozzen
> in mînem herzen,
> verlorn ist daz sluzzelîn –
> du muost ouch immêr dar inne sîn.

- **Gedankenlyrik**
  stellt ernste Fragen nach dem Leben, seinem Sinn, nach Liebe, Leid und Tod.

> Ingeborg Bachmann
>
> **Reklame** 1956
>
> Wohin aber gehen wir
> *ohne sorge sei ohne sorge*
> wenn es dunkel und wenn es kalt wird
> *sei ohne sorge*
> aber
> *mit musik*
> was sollen wir tun
> *heiter und mit musik*
> und denken
> *heiter* […]

- **Politische Lyrik**
  thematisiert politische Ideen, Probleme und appelliert.

> Marie Luise Kaschnitz
>
> **Hiroshima** 1951
>
> Der den Tod auf Hiroshima warf
> Ging ins Kloster, läutet dort die Glocken.
> Der den Tod auf Hiroshima warf
> Sprang vom Stuhl in die Schlinge, erwürgte sich.
> Der den Tode auf Hiroshima warf
> Fiel in Wahnsinn, wehrt Gespenster ab
> Hunderttausend, die ihn angehen nächtlich
> Auferstandene aus Staub für ihn. […]

Gedichtformen

Neben diesen **Gedichtarten**, unterschieden nach Themen wie „Liebe" und „Politik", kann man Gedichte auch so einteilen:

- Eine **Ballade**
  ist ein meist längeres Gedicht mit einer spannenden Geschichte und einem dramatischen Höhepunkt.
  Die auftretenden Figuren reden oft wie auf einer Theaterbühne miteinander.
  Die Ballade ist so etwas wie eine Mischung aus Gedicht, Erzählung und Theaterstück.

> Annette von Droste-Hülshoff
>
> **Der Knabe im Moor**
>
> O schaurig ist's, übers Moor zu gehn,
> Wenn es wimmelt vom Heiderauche,
> Sich wie Phantome die Dünste drehn
> Und die Ranke häkelt am Strauche,
> Unter jedem Tritte ein Quellchen springt,
> Wenn aus der Spalte es zischt und singt,
> O schaurig ist's, übers Moor zu gehn,
> Wenn das Röhricht knistert im Hauche!
> […]

2.2 Umgang mit Texten und Medien – Lyrik

- **Bänkelsang**
Bänkelsänger vergangener Jahrhunderte traten auf Jahrmärkten auf, um dort musikbegleitet schauerliche Begebenheiten vorzutragen; oft auf einer kleinen Bank („Bänkel") stehend, mit Zeigestock und Bildertafel. Der Bänkelsang (auch: die **Moritat** „Mordtat") ist zwar sensationell, mündet aber in der Regel in ein belehrendes Ende mit dem Sieg des Guten über das Böse. Im 20. Jahrhundert nehmen Chanson, Kabarett, Folk- und Protestsong die Formen des Bänkelsangs wieder auf.

Anonym

Hamburg in seiner fürchterlichen Unglückszeit

Hört jetzt, ihr Menschenkinder!
Von der schreckensvollen Nacht –
Die des Schicksals höchster Gründer
Über Hamburgs Flur gebracht.
[…]

- Ein **Haiku**
ist ein japanisches Naturgedicht mit streng abgezählten 3 Versen zu 5 – 7 – 5 Silben.

Anonym

Und auch die dürren
laublosen Äste nicht stumm –
sie ächzen im Wind.

- Die **Hymne** (griech. „Lobgesang") und die **Ode** (griech. „Gesang") sind feierliche Gedichte auf Götter, bedeutende Menschen, Völker (Nationalhymne; ▶ Kinderhymne).

Friedrich Hölderlin

An die Parzen 1799

Nur einen Sommer gönnt, ihr Gewaltigen!
   Und einen Herbst zu reifem Gesange mir,
     Dass williger mein Herz, vom süßen
       Spiele gesättiget, dann mir sterbe.
[…]

▶ S. 50

- Die **konkrete Poesie**
oder visuelle (Seh-)Poesie experimentiert mit Lauten, Silben, dem Klang der Wörter und ihrer ungewöhnlichen Anordnung auf dem Papier.

Eugen Gomringer 1960

schweigen schweigen schweigen
schweigen schweigen schweigen
schweigen   schweigen
schweigen schweigen schweigen
schweigen schweigen schweigen

- **Ein Lied**
  ist ein einfaches, in Strophen gegliedertes und gereimtes Gedicht zum Singen; oft mit regelmäßig wiederholtem Refrain.
  Die ältesten, mündlich überlieferten Lieder ohne namentlich bekannte (anonyme) Verfasser/innen nennt man **Volkslieder**.

  Anonym
  ### Wenn ich ein Vöglein wär
  Wenn ich ein Vöglein wär
  Und auch zwei Flüglein hätt,
  Flög ich zu dir;
  Weil's aber nicht kann sein,
  Bleib ich allhier.
  […]

▶ S. 51
- **Parodie**
  Unter einer Parodie (griech. „Gegengesang") versteht man die gezielte Veränderung/Umwandlung eines Textes in kritischer, spöttischer Absicht. Parodien gibt es in Gedicht- und Prosaform.

  Schüler-Parodie auf ▶ Johann Wolfgang Goethe
  ### Ein Gleiches
  Über allen Bänken
  Ist Ruh,
  In allen Reihen
  Spürest du
  Kaum einen Hauch;
  Die Schüler schweigen im Schlafe.
  Warte nur, balde
  Pennest du auch.

- **Ein Sonett**
  besteht aus zwei vierzeiligen Strophen („Quartetten") und zwei dreizeiligen Strophen („Terzetten") und ist gereimt.

  Robert Gernhardt
  ### Materialien zu einer Kritik der bekanntesten Gedichtform italienischen Ursprungs
  Sonette find ich so was von beschissen,
  so eng, rigide, irgendwie nicht gut;
  es macht mich ehrlich richtig krank zu wissen,
  dass wer Sonette schreibt. Dass wer den Mut
  […]

- **Der Song**
  ist ein modernes Lied mit musikalischer Begleitung und oft herausforderndem, kritischem Inhalt.
  Stilistisch weicht der Song von der Schriftsprache ab und nähert sich der Alltags- und Jugendsprache (vielfach in englischer Sprache).

  Reinhard Mey
  ### Über den Wolken 1974
  Wind Nordost, Startbahn null drei,
  Bis hier hör ich die Motoren.
  Wie ein Pfeil zieht sie vorbei.
  Und es dröhnt in meinen Ohren.
  Und der nasse Asphalt bebt.
  […]

Gedichtmerkmale

Matthias Claudius

Abendlied

Der Mond ist aufge*gangen*,	a ⎤ Paarreim
Die goldnen Sternlein *prangen*	a ⎦
Am Himmel hell und *klar;*	b ⎤
Der Wald steht schwarz und *schweiget*,	c ⎤ umarmender
Und aus den Wiesen *steiget*	c ⎦ Reim
Der weiße Nebel wunder*bar*.	b ⎦

[…]

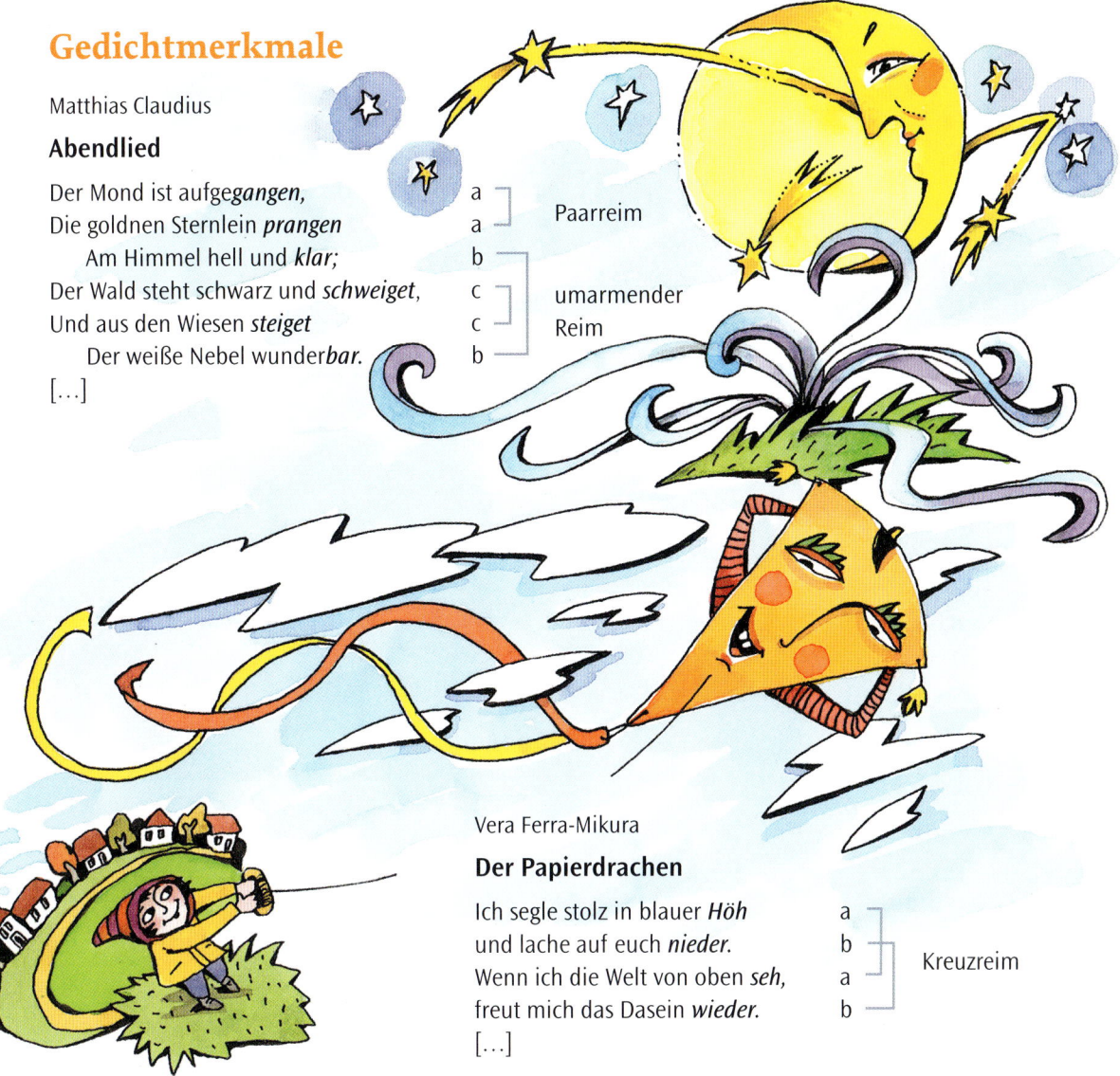

Vera Ferra-Mikura

Der Papierdrachen

Ich segle stolz in blauer *Höh*	a ⎤
und lache auf euch *nieder*.	b ⎦ Kreuzreim
Wenn ich die Welt von oben *seh*,	a ⎤
freut mich das Dasein *wieder*.	b ⎦

[…]

Auf den vorangehenden Seiten haben wir versucht, die seit dem Mittelalter bis heute geschriebenen Gedichte in Gruppen wie „Natur- und Liebesgedichte", „Balladen" und „Haikus" einzuteilen.

Wenn man sich den einzelnen Gedichten zuwendet, stößt man immer wieder auf ähnliche **Merkmale**, wie etwa …

- **Strophen**
  heißen die einzelnen Abschnitte eines mehrteiligen Gedichts.
  Sie werden durch einen größeren Zeilenabstand voneinander getrennt.
  Strophen/Abschnitte, die sich innerhalb eines Gedichts mehrmals
  wiederholen, heißen **Refrain**.

2.2 Umgang mit Texten und Medien – Lyrik

■ **Verse**
heißen die Zeilen eines Gedichts. Oft **reimen** sie sich untereinander, paarweise, über Kreuz (▶ S. 55).

Von einem **Enjambement** („Zeilensprung") spricht man, wenn man zum Verständnis einer Verszeile die folgende mitlesen muss.

Christine Busta

Die Frühlingssonne

Unhörbar wie eine Katze
kommt sie über die Dächer,
springt in die Gassen hinunter,
läuft durch Wiesen und Wald.

Oh, sie ist hungrig! Aus jedem
verborgenen Winkel schleckt sie
mit ihrer goldenen Zunge den Schnee.

■ Das **Metrum** oder „Versmaß" nennt man die regelmäßige Folge betonter Silben (x́) und unbetonter Silben (x) in einer Verszeile:

der **Trochäus** (x́   x)

der **Jambus** (x   x́)

der **Daktylus** (x́   x   x)

Als ich nachher von dir ging …
x́   x   x́   x   x́   x   x́

Der Mond ist aufgegangen …
x   x́   x   x́   x   x́   x

Krachen und Heulen und berstende Nacht …
x́   x   x   x́   x   x   x́   x   x   x́

■ Der **Rhythmus**
ist der besondere „Tonfall", der reizvolle Sprech- und Redefluss eines Gedichts.
Er ergibt sich aus dem nicht immer regelmäßigen Metrum, der besonderen Betonung wichtiger Wörter, den Reimen und Zeilensprüngen.

Der Rhythmus eines Gedichts kann z. B. *fließend, hüpfend, stockend, holprig, schwer, gleichmäßig, ruhig, unregelmäßig* oder *vorwärtsdrängend* sein.

■ **Lyrisches Ich**
nennt man das sprechende Ich in vielen Gedichten.
Man darf es nicht mit dem/der Dichter/in gleichsetzen.

Auch vom „lyrischen Du" spricht man, der in vielen Gedichten angesprochenen Person.

Ingeborg Bachmann

Erklär mir, Liebe

Erklär mir, Liebe, was ich nicht erklären kann:
Sollt ich die kurze schauerliche Zeit
nur mit Gedanken Umgang haben und allein
nichts Liebes kennen und nichts Liebes tun?
Muss einer denken? Wird er nicht vermisst?

Du sagst: Es zählt ein andrer Geist auf ihn …
Erklär mir nichts. […]

2.3 Drama – Schauspiel – Theater

Ein **Drama** (griech. „*Handlung*") oder Schauspiel besteht aus Gesprächen und Handlungen mehrerer Figuren auf der Bühne eines Theaters (griech. „*Schauplatz*"). Dabei sprechen die Darsteller/innen nicht nur ihren Text, sie gebrauchen ihren ganzen Körper, um Gefühlen und Stimmungen Ausdruck zu verleihen.

Im klassischen Drama seit der Antike gibt es einen strengen **Handlungsaufbau** aus drei oder fünf **Akten** mit jeweils mehreren Szenen. Die Handlung steigert sich zu einem konfliktreichen Höhepunkt und wird aufgelöst in einem glücklichen oder tragischen Ende:

Im Unterschied zu diesem seit Jahrhunderten gespielten Theater, das auf den griechischen Philosophen **Aristoteles** (384–322) zurückgeht, hat im 20. Jahrhundert der Theaterautor ▶ **Bertolt Brecht** (1898–1956) eine neue, sehr einflussreiche Theaterform entwickelt, das „epische Theater":

▶ S. 36

	Aristotelisches Theater	Episches Theater
Aufbau	In Akte und Szenen eingeteilte einsträngige Handlung mit Höhepunkt und Lösung.	Lockere Folge von Szenen, oft unterbrochen durch Songs, Kommentare und mit offenem Schluss.
Schauspieler/in	Verwandeln sich in die Figuren, die sie darstellen.	Distanzieren sich von den Figuren, die sie spielen (z. B. durch Kommentare).
Publikum	Fühlt intensiv mit den Theaterfiguren und ihrem Schicksal.	Steht den Figuren kritisch und mit Distanz gegenüber.
Bühne	Erweckt durch Kulissen, Kostüme, Beleuchtung, Geräusche den Anschein von „Wirklichkeit".	Betont durch verschiedene „Verfremdungseffekte" den kritisierbaren Spiel-Charakter des Bühnengeschehens.
Absicht, Intention	Erschütterung, Erheiterung, Beruhigung	Nachdenklichkeit, Kritik, Misstrauen, Veränderungswillen

Theaterlexikon	
Akt	Aufzug; Hauptabschnitt eines Dramas, geschlossene Handlungseinheit, die meist aus mehreren Szenen besteht.
Dialog	Gespräch zwischen den Figuren auf der Bühne. Ein Selbstgespräch auf der Bühne nennt man **Monolog**.
Figuren, Rollen	sind die im Drama von Schauspieler/inne/n verkörperten Personen. Sie werden dargestellt mit ihren Eigenschaften, ihren typischen Verhaltensweisen in ihrer Beziehung zu anderen Figuren (**Figurenkonstellation**). Hauptfiguren heißen **Protagonisten**.
Gestik, Mimik	Haltung und Bewegung des Körpers; Gesichtsausdruck.

Theaterlexikon

■	Improvisieren	bedeutet, nicht einen auswendig gelernten Text zu spielen, sondern sich in einer bestimmten Situation einen Text und ein Verhalten spontan auszudenken.
■	Inszenierung	Das Einrichten und Einstudieren eines Bühnentextes durch Regie und Schauspieltruppe während der Probenzeit und die daraus entstandene Spielfassung für eine bestimmte Bühne.
■	Konflikt	Die zentrale Auseinandersetzung, um die das Geschehen auf der Bühne kreist.
■	Komödie, Tragödie	Viele Theaterstücke haben eine traurige, oft sogar tödliche Handlung und werden deshalb Trauerspiel (Tragödie) genannt. Theaterstücke mit lustigem Inhalt und komischen Dialogen heißen Lustspiel (Komödie).
■	Kulisse	Bemalte Wandfläche; Bestandteil des Bühnenbildes.
■	Pantomime	Die Darstellung einer Handlung unter Verzicht auf gesprochene Worte, allein mittels Gestik, Mimik, Tanz.
■	Regie	Die Auswahl, Deutung und Einrichtung eines Dramentextes für die Bühne mit ausgesuchten Schauspieler/inne/n an einem bestimmten Aufführungsort durch eine/n Regisseur/in.
■	Regieanweisung	Anweisung des Autors oder der Theaterregie, wie eine bestimmte Szene gespielt werden soll. Neben dem Redetext hilft sie den Spielenden, sich die Personen und das Geschehen besser vorzustellen. Sie kann auch Auskunft geben über die Gestaltung der Bühne, Requisiten usw.
■	Requisite	Besonderer Gegenstand, besonderes Kleidungsstück. Requisiten können die Figuren charakterisieren oder wichtige Bedeutungen für den Ablauf der Handlung haben.
■	Soufflieren	bedeutet, einem/r Schauspieler/in während der Aufführung den vergessenen Text vorzusagen.
■	V-Effekt	„Verfremdung" der Bühnenhandlung, z. B. durch Eingreifen eines Kommentators, durch Selbstkommentare der Schauspieler/innen, Unterbrechen der Handlung durch Songs, Verzicht auf illusionsfördernde Bühnenrequisiten.

2.4 Eine kurze Geschichte der deutschen Literatur

Anonym

Das Nibelungenlied um 1200

[…] Da umarmte sie Siegfried, und Brünhild wehrte sich. König Gunther aber stand hinter dem Vorhang und sah nichts und lauschte. Er hörte, dass die beiden rangen. Dann krachte ein Leib auf die Stufen, und Siegfried schrie auf. Dann rangen wieder zwei Leiber. […]

Johann Wolfgang Goethe

Faust 1808

MARGARETE Lass mich! Nein, ich leide keine Gewalt!
Fasse mich nicht so mörderisch an!
Sonst hab ich dir ja alles zu Lieb getan.

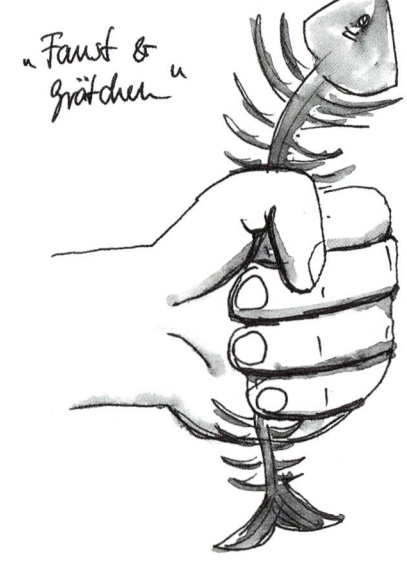

Günter Grass

Die Blechtrommel 1959

Mit seinem ersten Roman erlangte der 32-jährige Autor zuerst in Deutschland und bald weltweit umstrittene Berühmtheit; 40 Jahre später erhält er den ▶ Nobelpreis.

▶ S. 73

Die Anfänge

Am Anfang der deutschen Literatur stehen die germanischen *Merseburger Zaubersprüche* (10. Jh.) und Götter- und Heldensagen. Sie erzählen von Mut, Tapferkeit, Ehrgefühl und Gerechtigkeitssinn und davon, dass diese Tugenden nicht immer den Sieg davontragen. Denn ungünstiges Schicksal, falsche Freunde, aber auch eigene Blindheit bringen es mit sich, dass die Held/inn/en oft scheitern.

Ein berühmtes Beispiel ist das *Nibelungenlied*, das im 5. Jh. n. Chr. spielt und von unbekannter Hand um 1200 aufgeschrieben wurde. Es erzählt von Siegfrieds Ermordung und von der Rache, die seine Frau Kriemhild dafür an ihren Brüdern nimmt.

Ein häufiges Motiv mittelalterlicher Sagen ist der Kampf eines Helden mit einem Drachen. Auch Tristan, der Held des mittelalterlichen Romans *Tristan und Isolde*, muss einen Drachenkampf bestehen. **Gottfried von Straßburg** schreibt seinen Roman zur Zeit der Kreuzzüge um 1210, die auch den Hintergrund der Ritterromane von **Hartmann von Aue** und **Wolfram von Eschenbach** bildet.

Ritterlicher Herkunft ist auch **Walther von der Vogelweide**, der mit seinen Minneliedern und seiner Spruchdichtung zum wichtigsten Wegbereiter der Liebeslyrik und der politischen Lyrik in Deutschland geworden ist.

Hildegard von Bingen gilt mit ihren Liedern und religiösen Schriften als eine der ersten deutschen Dichterinnen.

Zwischen Reformation und Barock

Mit der Entdeckung Amerikas (1492) und der Reformation in Deutschland (ab 1517) beginnt ein neues Zeitalter in Europa: Das Mittelalter geht zu Ende. Ein neues Lebensgefühl durchdringt die Menschen, sich nicht länger politisch, geistlich und geistig, z. B. durch die Kirche, bevormunden lassen zu wollen. Wissenschaft und Künste sind Ausdruck dieses neuen Denkens, einer „Wiedergeburt (Renaissance) aus dem Geist der Antike".

Vor allem die Kirche bekämpft das neue Weltbild eines Nikolaus **Kopernikus** mit der Sonne als Mittelpunkt sowie Johannes **Gutenbergs** Buchdruck, der mehr Menschen als je zuvor den Zugang zur Bibel und zu anderen Schriften und zur eigenen Meinungsbildung ermöglicht.

Martin **Luther**, 1521 auf dem Reichstag in Worms von Kaiser Karl V. gebannt, flieht auf die Wartburg, wo er eine vollständige Übersetzung der Bibel in Angriff nimmt und damit eine „Gemeinsprache" schafft, die die Verständigung im deutschen Sprachraum nachhaltig fördert.

Die Schrecken des Dreißigjährigen Krieges stellt Christoffel von **Grimmelshausen** in seinem Roman *Simplicissimus* (1669) dar, und auch für Andreas **Gryphius** ist der Krieg bestimmend. Seine ▸ Sonette sprechen von der Vergänglichkeit im Diesseits und der Hoffnung auf ein besseres Jenseits; genauso wie die Kirchenlieder des evangelischen Pfarrers Paul **Gerhardt**.

▸ S. 54

Geschichte

800	Kaiserkrönung Karls des Großen
1096	1. Kreuzzug
1152–1190	Friedrich Barbarossa
1452	Johannes Gutenberg druckt die Bibel
1492	Christoph Kolumbus betritt Amerika
1514	Nikolaus Kopernikus: sonnenzentrisches Weltbild
1517	95 Thesen Martin Luthers
1618–1648	Dreißigjähriger Krieg
1633	Galileo Galilei: Inquisitionsprozess
1643	Ludwig XIV., franz. „Sonnenkönig"
1687	Isaac Newton: Gravitationsgesetz

Malerei

Albrecht Dürer (1471–1528)
Lucas Cranach d. Ä. (1472–1553)

Musik

Heinrich Schütz (1585–1672)
Johann Sebastian Bach (1685–1750)
Georg Friedrich Händel (1685–1759)

Christoffel von Grimmelshausen
Der abenteuerliche Simplicissimus, 1669

Gotthold Ephraim Lessing
Nathan der Weise, 1779

Immanuel Kant
Was ist Aufklärung? 1784

Das **Barockzeitalter** (1600–1700) trägt aber auch andere Züge: Die allgegenwärtige Todeserfahrung führt zu einer Lebensgier, die ihren Ausdruck u. a. in prachtvoller Architektur, bildender Kunst, aufwändigen Theater- und Musikaufführungen und prächtiger Mode findet.

Literatur der Aufklärung und der Empfindsamkeit

Im Zeitalter der **Aufklärung** (1700–1789) weicht die barocke Betonung der Vergänglichkeit und Nichtigkeit alles Irdischen dem Vertrauen in den Fortschritt der menschlichen Gesellschaft. Der Philosoph Immanuel **Kant** stellt die Forderung auf: „Habe Mut, dich deines e i g e n e n Verstandes zu bedienen!"
Der Kampf gilt der Bevormundung durch die Kirche und der Willkürherrschaft des Adels. Er macht Front gegen Aber- und Hexenglauben und bekämpft Vorurteile gegenüber Einzelnen und Gruppen.

Nach Auffassung der Aufklärung wird der Mensch erst durch Erziehung zu einem vernünftigen und moralisch handelnden Wesen. Pädagogische und literarische Schriften behandeln im 18. Jahrhundert die Kindererziehung als wichtige Aufgabe der Familie.
Gotthold Ephraim **Lessing** hebt in seinen bürgerlichen Trauerspielen die so genannte „Ständeklausel" auf (Tragödie = Personen hohen Standes, Komödie = Personen niederen Standes). Das Publikum soll sich mit den Figuren identifizieren, um durch die Empfindung von Furcht und Mitleid zu einem menschlichen, tugendhaften Verhalten zu gelangen.
Besonders die ▶ Fabel mit ihrem belehrenden Charakter erfreut sich in der Aufklärung großer Beliebtheit.   ▶ S.45

In der Epoche der **Empfindsamkeit** (1750–1789) wird einer rein vernünftigen Betrachtung der Welt eine aus tiefer Religiosität stammende, vom Gefühl getragene Sicht entgegengesetzt. Friedrich Gottlieb **Klopstock**

Geschichte			
1775	Letzte Hexenverbrennung auf deutschem Boden	1804	Kaiserkrönung Napoleons I.
1776	Unabhängigkeitserklärung der Vereinigten Staaten	1806	Ende des Heiligen Römischen Reiches Deutscher Nation
1789	Französische Revolution	1813/15	Befreiungskriege gegen Napoleon
1793	Hinrichtung Ludwigs XVI.	1814/15	Wiener Kongress

2.4 Umgang mit Texten und Medien – Literaturgeschichte

Goethe und Schiller, 1804 gezeichnet und 1857 in Weimar in Bronze gegossen: Wer ist der Größte?

z. B. besingt in seiner Lyrik eine bis dahin nicht gehörte persönliche Begegnung mit der Natur. Karl Philipp **Moritz** schildert in seinem Roman *Anton Reiser* (1785–90) außergewöhnlich realistisch die problematische Entwicklung eines einfachen jungen Mannes in schwieriger Gesellschaft.

Vom Sturm und Drang zur Weimarer Klassik

Der **Sturm und Drang** (1770–1789) steigert die Tendenzen der Empfindsamkeit und betrachtet sich als Gegenbewegung zur ▶ Aufklärung. Herz und Gefühl, Individualität und Genie, Originalität und Schöpfertum, Natur und Ursprünglichkeit zählen mehr als Verstand, Regeln und Normen.
Die Stürmer und Dränger verehren Homer, Klopstock und vor allem den englischen Theaterautor William **Shakespeare** (1564–1616). Sie wollen an die unverbildete Sprache der Volkslieder anknüpfen und bewundern den 25-jährigen Goethe, der mit seinem Briefroman ▶ *Die Leiden des jungen Werthers* (1774) einen Gefühlssturm in ganz Europa ausgelöst hat.
Die frühen Dramen von Johann Wolfgang **Goethe** (*Götz von Berlichingen*, 1773) und Friedrich **Schiller** (*Die Räuber*, 1781) stellen den Konflikt des Einzelnen mit der Gesellschaft dar, und aus den Natur- und Liebesgedichten des Sturm und Drang spricht persönliches Erleben so direkt wie noch nie (▶ „Erlebnislyrik").

Der freundschaftliche Umgang zwischen Goethe und Schiller gilt als Kernphase der **Weimarer Klassik** (1786–1805).
Nicht zuletzt die Enttäuschung über den Ausgang der Französischen Revolution, die von Gewalt und Krieg gekennzeichnet ist, trägt dazu bei, dass sich Goethe und Schiller vom Geniekult und der Protesthaltung des Sturm und Drang abwenden.

Wissenschaft/Technik		1808	Konversationslexikon von Brockhaus
1718	Quecksilberthermometer	1814	Dampflokomotive von Stephenson
1738	Spinnmaschine		
1752	Benjamin Franklin: Blitzableiter	**Musik**	
1768	James Watt: Dampfmaschine	1822/24	L. v. Beethoven *9. Symphonie* mit F. Schillers Ode *An die Freude*
1786	E. Cartwright: mechanischer Webstuhl		
1807	Erste Straßenbeleuchtung (London)	1857	Franz Liszt *Eine Faust-Symphonie*

Friedrich Hölderlin
Ehmals und jetzt 1799

In jüngern Tagen war ich des Morgens froh,
　Des Abends weint' ich; jetzt, da ich älter bin,
　　Beginn ich zweifelnd meinen Tag, doch
　　　Heilig und heiter ist mir sein Ende.

Horst Janssen: Der junge und
der alte Friedrich Hölderlin, 1993

Harmonie und Humanität, Ausgleich und Maß, Menschlichkeit und Toleranz, die Einheit von Mensch und Natur, aber auch von Individuum und Gesellschaft sind die neuen Leitideen der Klassik. Die Werke der griechischen Antike gelten als Vorbild, denen Goethes Schauspiel *Iphigenie auf Tauris* (1787) mustergültig entspricht. Sein *Faust*-Drama erscheint 1808. In Goethes und Schillers Weimarer Freundschaftszeit entstehen auch ihre bekanntesten ▶ **Balladen** (Goethe: *Erlkönig, Der Zauberlehrling*; Schiller: *Die Bürgschaft, Die Kraniche des Ibykus*).

Das 19. Jahrhundert zwischen Romantik und Realismus

Am Anfang des Jahrhunderts stehen zwei Dichter, die zu ihren Lebzeiten gar nichts gelten, nach ihrem Tod aber immer berühmter werden – bis heute.
Friedrich **Hölderlin** schreibt seine an hohen Idealen ausgerichteten Gedichte und feierlichen ▶ **Hymnen** bis zum 30. Lebensjahr, um die folgenden 36 Jahre bis zu seinem Tod zu schweigen, seelisch und geistig verstört.
Heinrich von **Kleist** nimmt sich mit 34 Jahren das Leben, als er in Familie und Gesellschaft keine Resonanz findet; auch nicht mit seinen Lust- und Trauerspielen und Erzählungen. Im Unterschied zu heute, wo ihn die Theater aufführen und Schulklassen die ▶ Novelle *Michael Kohlhaas* lesen.

Die **Romantik** (1795–1832) greift Tendenzen der ▶ Klassik auf, knüpft aber auch an die Kultur des Gefühls im Sturm und Drang an. Dem realen Alltag wird die Fantasie entgegengestellt, er wird ins Wunderbare verwandelt und „romantisiert".
Die Enttäuschungen nach dem Scheitern der Französischen Revolution und der Wiederherstellung des Absolutismus in Europa, die zerstörten Hoffnungen auf einen freiheitlichen deutschen Nationalstaat durch die Napoleonischen Kriege führen die Romantiker zu einer Flucht aus Gesellschaft und Alltag. Bestimmendes Gefühl ist die Sehnsucht nach der Ferne (Italien) oder nach einer Wiederkehr des

Geschichte			
1815/19	Wiener Kongress	1848	Revolutionen in Deutschland
	Karlsbader Beschlüsse: Restauration	1870/71	Deutsch-Französischer Krieg:
1830	Julirevolution in Paris		Gründung des Deutschen Reiches
1844	Weberaufstand in Schlesien		
1848	Karl Marx *Kommunistisches Manifest*		

Die meisten Märchen sind den Brüdern Grimm von Frauen und Mädchen erzählt worden; eine davon, das 16-jährige Dortchen Wild, hat Wilhelm Grimm später geheiratet.

Louis Katzenstein: Die Brüder Grimm bei der Märchenfrau

Mittelalters. Den scharfen Umrissen des Tages werden die verschwommenen Konturen der Nacht gegenübergestellt. Fantasie und Traum, das Gespenstische der Natur, das Rauschen der Wälder, das Wandern durch ferne Gebirge und tiefe Täler sind typische Motive der Gedichte und erzählenden Texte von **Novalis**, Joseph von **Eichendorff** und E. T. A. **Hoffmann**. Sie stehen für den Wunsch, die Grenzen des Alltäglichen, Irdischen zu überschreiten.

Diesem Wunsch ist auch das Interesse der Zeit an ▶ Sagen und ▶ Märchen verpflichtet, das seinen wichtigsten Niederschlag in den *Kinder- und Hausmärchen* von Jacob und Wilhelm **Grimm** findet (1812–19); die nicht nur immer noch gelesen werden, sondern lange schon den Film erobert haben.

Die Dichterinnen und Dichter des **Biedermeier** (1815–30) – Annette von **Droste-Hülshoff**, Eduard **Mörike** und der Österreicher Adalbert **Stifter** werden dazugerechnet – kennzeichnet das Ausweichen in ein stilles Glück und in die idyllische Natur angesichts einer im Zeichen der Frühindustrialisierung als bedrohlich empfundenen Außenwelt: „Das Wehen der Luft, das Rieseln des Wassers, das Wachsen der Getreide, das Wogen des Meeres, das Grünen der Erde, das Glänzen des Himmels, das Schimmern der Gestirne halte ich für groß." (A. Stifter)

Ganz anders die Autoren des **Vormärz** (1830–1848): Sie kritisieren in ihren Gedichten, Schauspielen und erzählenden Texten die politischen und gesellschaftlichen Zustände im Vorfeld der Revolution von 1848. Ihre Forderungen nach Einheit und Freiheit, nach Emanzipation und Beseitigung sozialer Ungleichheit werden von den Herrschenden bekämpft. Bedeutende Vertreter des Vormärz werden verhaftet, des Landes verwiesen oder sie gehen wie Heinrich **Heine** oder Georg **Büchner** außer Landes.

Wissenschaft/Technik		Musik	
1835	Erste Eisenbahn in Deutschland	Franz Schubert (1797–1828)	Sie vertonten
1876	N. A. Otto: Viertaktmotor	Felix Mendelssohn Bartholdy (1809–1847)	Gedichte von
1879	Th. A. Edison: Glühlampe	Robert Schumann (1810–1856)	Goethe, Heine,
1887	E. Berliner: Grammofon, Schallplatte	Johannes Brahms (1833–1897)	Eichendorff,
		Hugo Wolf (1860–1903)	Mörike u.a.

Heinrich Heine

Ein Jüngling liebt ein Mädchen 1822

Ein Jüngling liebt ein Mädchen,
Die hat einen andern erwählt;
Der andre liebt eine andre
Und hat sich mit dieser vermählt.
[…]

Es ist eine alte Geschichte,
Doch bleibt sie immer neu;
Und wem sie just passieret,
Dem bricht das Herz entzwei.

Annette von Droste-Hülshoff

Am Turme 1842

Ich steh auf hohem Balkone am Turm,
Umstrichen vom schreienden Stare,
[…]

Wär ich ein Jäger auf freier Flur,
Ein Stück nur von einem Soldaten,
Wär ich ein Mann doch mindestens nur,
So würde der Himmel mir raten;
Nun muss ich sitzen so fein und klar,
Gleich einem artigen Kinde,
Und darf nur heimlich lösen mein Haar
Und lassen es flattern im Winde!

Eduard Mörike

Erstes Liebeslied eines Mädchens 1836

Was im Netze? Schau einmal!
Aber ich bin bange;
Greif ich einen süßen Aal?
Greif ich eine Schlange?
[…]

Schon schnellt mir's in Händen!
Ach Jammer! O Lust!
Mit Schmiegen und Wenden
Mir schlüpft's an die Brust.
[…]

Nach der 1848er Revolution wendet sich die Literatur mehr und mehr den Bedingungen zu, die das Leben der Menschen prägen: der sozialen Wirklichkeit, dem Alltag. Dazu eignet sich in erster Linie die ▶ Prosa, Novelle und Roman; in zweiter Linie das ▶ Drama. Die ▶ Lyrik bleibt bei eher zeitlosen Themen wie Liebe und Erlebnis der Natur.

Die spätere Epochenbezeichnung **Realismus** entspricht also dem Selbstverständnis der wegweisenden Schriftsteller in der zweiten Jahrhunderthälfte: in Deutschland wie in Frankreich, England, Russland und Nordamerika. Vorläufer des literarischen Realismus hatte es schon im ▶ Vormärz gegeben.

Zwar wird der **Realismus** zur herrschenden Stilrichtung; doch gibt sich die realistische Literatur in Deutschland – vor allem im Vergleich zu Frankreich – weniger gesellschaftskritisch: Distanz schaffender Humor mildert die Darstellung der Realität ab (G. Keller); auf harte Wirklichkeit fällt ein verklärendes Licht. Darum spricht man mit dem Blick auf die deutsche Literatur der Epoche von einem „poetischen Realismus".

Ihm geht es vorwiegend um Allgemeingültiges: die Stellung des bürgerlichen Menschen in der Gesellschaft; Probleme im Verhältnis zum Adel; zwischenmenschliche Beziehungen; Gefährdung bürgerlicher Tugenden wie Tüchtigkeit, Zuverlässigkeit, Bescheidenheit durch materialistische Tendenzen. Wichtige Themen sind Familie, Heimat, Geschichte. Friedrich **Hebbel**, Theodor **Storm**, die Schweizer Gottfried **Keller** und ▶ Conrad Ferdinand **Meyer**, Theodor **Fontane** und Wilhelm **Raabe** sind die wichtigsten Realisten.

Die Autoren des **Naturalismus** (1890–1900) wollen mit dem Realismus endlich Ernst machen, die Verhältnisse in ihrer ganzen Härte darstellen, das Elend des Industrieproletariats, die dunkelsten Seiten der menschlichen Seele. „Die Kunst hat die Tendenz, wieder Natur zu sein", sagt Arno Holz 1891: im Drama durch ein wirklichkeitsgetreues Bühnenbild und durch „natürliche" Dialoge (Dialekt, Satzbrüche, Ausrufe, Schreie, unartikulierte Laute); in der Lyrik z. B. durch den Verzicht auf Reime.

Angriffspunkte der literarischen Kritik sind vor allem der deutsch-nationale Überschwang nach 1870/71, die Militarisierung der Gesellschaft im wilhelminischen Obrigkeitsstaat, kirchliche Bevormundung, wachsender Antisemitismus, bloßes Nützlichkeitsdenken angesichts technischer Errungenschaften und wirtschaftlicher Erfolge. Die Aufgeschlossenheit für soziale Probleme bringt viele Literaten in die Nähe zur Arbeiterbewegung.

Als Hauptvertreter des Naturalismus gilt Gerhart **Hauptmann** mit seinen frühen Schauspielen (*Der Biberpelz*; *Die Weber*).

Literarische Strömungen zwischen 1900 und 1945

Das erste Jahrzehnt des neuen Jahrhunderts erscheint großen Teilen der bürgerlichen Gesellschaft als „das goldene Zeitalter der Sicherheit" (Stefan Zweig). Doch kritische Geister, Schriftsteller und Philosophen vor allem und natürlich die Masse der Notleidenden spüren längst Bedrohliches: wirtschaftliche Schwankungen, soziale Spannungen, politische Unsicherheit. Krisenstimmung und Ängste kennzeichnen den Beginn der neuen Zeit, die man – wie einst den Umbruch vom Mittelalter zur Neuzeit – als **Moderne** begreift.

„Heute scheinen zwei Dinge modern zu sein, die Analyse des Lebens und die Flucht aus dem Leben" (Hugo von Hofmannsthal). Flucht, nämlich Abwendung von der „hässlichen" Realität, wie sie der Naturalismus vor Augen gestellt hat, in ein Reich des Schönen, Rückzug aus dem „Armeleutehaus".

„Ich bin der Eindruck, der sich verwandeln wird", heißt es bei Rainer Maria Rilke. Von dem französischen Wort für „Eindruck" – *impression* – leitet sich die Bezeichnung **Impressionismus** her, der Name für eine Stilepoche zunächst der bildenden Kunst, dann auch der Literatur und der Musik.

Franz Kafka

Die Verwandlung 1915

Als Gregor Samsa eines Morgens aus unruhigen Träumen erwachte, fand er sich in seinem Bett zu einem ungeheuren Ungeziefer verwandelt. […]

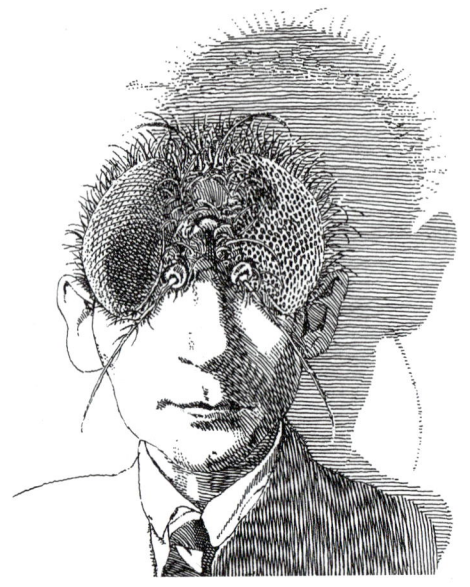

Alfred Döblins Roman über den „einfachen Mann" Franz Biberkopf erschien 1929 mit einer Inhaltsangabe auf dem Umschlag.

Else Lasker-Schüler

Mein blaues Klavier 1937

Ich habe zu Hause ein blaues Klavier
Und kenne doch keine Note.

Es steht im Dunkel der Kellertür,
Seitdem die Welt verrohte.

Es spielten Sternenhände vier
– Die Mondfrau sang im Boote –
Nun tanzen die Ratten im Geklirr.

Zerbrochen ist die Klaviatür …
Ich beweine die blaue Tote.

Ach liebe Engel öffnet mir
– Ich aß vom bitteren Brote –
Mir lebend schon die Himmelstür –
Auch wider dem Verbote.

E. Lasker-Schüler als „Fakir von Theben", 1912

An die Stelle naturalistischer Beschreibung der harten Wirklichkeit treten sensible Wahrnehmung und Wiedergabe subjektiver Stimmungen. Nicht Handlungsabläufe werden dargestellt, sondern ein Gewebe von Augenblicken feinsten seelischen Empfindens ausgebreitet im Innern des dichterischen Ich.

Hauptvertreter impressionistischer Dichtung in Deutschland sind Rainer Maria **Rilke** und Stefan **George**, in Österreich Hugo von **Hofmannsthal** und Arthur **Schnitzler**.

Wie vorher „Impressionismus" bezeichnet **Expressionismus** (lateinisch *expressio* „Ausdruck") zunächst eine Stilrichtung der Malerei und wird erst später auf die Literatur übertragen (1910–1925).

Impressionistische Abkehr vom Naturalismus hatte den Weg nach innen gesucht, Expressionismus kehrte die Richtung um: Was im Menschen vorgeht, sucht Ausdruck, individuelles Fühlen und Wollen, seelische Befindlichkeit und Bewegung.

„Gärung ohne Richtung" sagt der Romanautor Alfred Döblin im Blick auf die expressionistische Bewegung, auf die Vielfalt weltanschaulicher und literarisch-künstlerischer Programme und auf eine vielgestaltige Literatur, die das Chaos spiegelt: Weltkrieg, Weltwirtschaftskrise, Massenarbeitslosigkeit; andererseits eine ungeheure Erweiterung des Weltbildes durch neue Kommunikationstechniken und Medien (Funktelegrafie, Grammofon, Schallplatte, Film und Radio).

Für das gewaltige – und gewaltsame – Zeitgeschehen sucht man eine neue Sprache, die sich ausweist durch ungewöhnliche, oft erschreckende und maßlos übersteigerte Farbgebung und Bildhaftigkeit, durch Brechung und Auflösung von Sätzen, Zertrümmerung sogar von Wörtern bis zum Schrei und Gestammel.

Expressionistische Gedichte schrieben u.a. Gottfried **Benn**, Georg **Heym**, Georg **Trakl** und Else **Lasker-Schüler**.

Neben und nach dem Expressionismus lassen sich keine eindeutigen literarischen Strömungen mehr abgrenzen.

An Autoren, die im frühen 20. Jahrhundert mit bedeutenden Erzählungen und Romanen an die Öffentlichkeit treten, sind zu nennen: der Prager Jude Franz **Kafka**, die Brüder Heinrich und Thomas **Mann**, Alfred **Döblin** und Hermann **Hesse**.

Bertolt **Brecht** schreibt Aufsehen erregende Theaterstücke und – wie Erich **Kästner** – Gedichte.

Mit dem **Machtantritt der Nationalsozialisten** im Januar 1933 ändert sich die literarische Landschaft in Deutschland schlagartig. Die Gleichschaltung umfasst schnell auch die Künste und Medien, die Meinungsfreiheit wird beseitigt, Bücher jüdischer oder regimekritischer Autoren werden verboten und verbrannt. Die Schriftsteller/innen selbst werden teilweise verfolgt; einige wollen ihren heimatlichen Sprachraum nicht verlassen und gehen in die „innere Emigration", weichen auf unpolitische Themen aus oder üben nur sehr versteckt Kritik. Andere begehen aus Verzweiflung Selbstmord (Kurt **Tucholsky**, Stefan **Zweig**), viele

Geschichte	
1914–1918	Erster Weltkrieg
1917	Oktoberrevolution in Russland
1918	Allgemeines Wahlrecht für Frauen
1923	Putschversuch Adolf Hitlers scheitert
1929	Börsencrash („Schwarzer Freitag"): Weltwirtschaftskrise

Wissenschaft/Technik	
1900	Sigmund Freud *Traumdeutung*
1908	Henry Ford: Automobile vom Fließband
1915	Albert Einstein *Allgemeine Relativitätstheorie*
1927	Erster Tonfilm

Musik

Gustav Mahler (1860–1911) *Des Knaben Wunderhorn*
Richard Strauss (1864–1949) *Till Eulenspiegels lustige Streiche*
Alban Berg (1885–1935) *Wozzeck; Lulu*

Anna Seghers

Das siebte Kreuz

1942 im mexikanischen Exil erschienen, erzählt der Roman von der Flucht aus einem rheinhessischen Konzentrationslager zwischen Mainz und Worms.

Bertolt **Brecht** ist mit seinen Stücken *(Dreigroschenoper, Leben des Galilei,* ▶ *Mutter Courage und ihre Kinder),* ab 1949 am eigenen Theater in Ostberlin aufgeführt, und seinen ▶ Gedichten zu einem „modernen Klassiker" geworden.

▶ S. 36
▶ S. 50

Siegfried Lenz

Deutschstunde 1968

Neben den Nobelpreisträgern Heinrich **Böll** und ▶ Günter **Grass** prägt Siegfried **Lenz** mit seinen Romanen und Erzählungen oft über junge Menschen bis heute (▶ *Schweigeminute,* Novelle, 2010) die deutsche Literatur.

▶ S. 60
▶ S. 46

verlassen Deutschland (z. B. Thomas und Heinrich **Mann**, Lion **Feuchtwanger**, Anna **Seghers**, Bertolt **Brecht**, Ödön von **Horváth**). Auf der Flucht und im Ausland entsteht unter schwierigsten Bedingungen eine höchst unterschiedliche **Exilliteratur** (bevorzugt Romane), die in Deutschland erst nach dem Krieg wahrgenommen wird.

Literatur nach 1945

Mit dem Kriegsende 1945 beginnt auch literarisch eine neue Zeit, wenngleich man nicht von einer „Stunde null" reden kann, da viele Autor/inn/en an ihre Zeit im Exil anknüpfen, andere auf die Traditionen der Weimarer Zeit zurückgreifen.

Themen der **Trümmerliteratur** sind die Nachkriegssituation im zerstörten Deutschland (Hunger, Wohnungsnot und Flucht) sowie die deutsche Schuld an Völkermord und Weltkrieg, die v. a. in Gedichten (Günter **Eich**, Paul **Celan**, Nelly **Sachs**, Ingeborg **Bachmann**) und Kurzprosa (Kurzgeschichten von Wolfgang **Borchert**, Heinrich **Böll**, Ilse **Aichinger**, Siegfried **Lenz**) ihren Niederschlag finden.

Westdeutschland

Eine starke, bis zum Ende der 60er Jahre zunehmende Zeit- und Gesellschaftskritik kennzeichnet die Literatur der Bundesrepublik: die Prosa (Günter **Grass**, Heinrich **Böll**, Siegfried **Lenz**, Max **Frisch**, Gabriele **Wohmann**, Martin **Walser**); das Theater (Friedrich **Dürrenmatt**, Peter **Weiss**, Rolf **Hochhuth**); die Lyrik (Hans Magnus **Enzensberger**, Hilde **Domin**, Rose **Ausländer**, Erich **Fried**).

Nach dem Ende der 68er Studentenbewegung ist in der Literatur der 70er Jahre eine Entpolitisierung, eine **neue Subjektivität** festzustellen (Peter **Handke**, Rolf Dieter **Brinkmann**).

Die in den 80er und 90er Jahren entstehende Literatur versucht man unter dem Begriff **Postmoderne** zusammenzufassen. Für alles spätere Schreiben bis zur Gegenwart existiert (noch) kein Epochenbegriff.

Ostdeutschland

Bestimmen im Westen Deutschlands die Autoren der „Inneren Emigration" und der „Trümmerliteratur" die Nachkriegszeit, so stehen nach 1945 in der SBZ (Sowjetische Besatzungszone Deutschlands) und frühen DDR die Vertreter der Exilliteratur (Anna **Seghers**, Bertolt **Brecht**) im Mittelpunkt.

Die **Aufbau-Literatur** der 50er Jahre will mit den Mitteln des allgemein verständlichen „sozialistischen Realismus" den Aufbau des Sozialismus und den Sieg über den Faschismus darstellen.

Der in den 60er Jahren einsetzenden **Ankunft-Literatur** (Erwin **Strittmatter**, Hermann **Kant**, Brigitte **Reimann**, Christa **Wolf**) geht es um die

Geschichte	
1933	Machtantritt der Nationalsozialisten
1935	„Rassengesetze"
1939–1945	Zweiter Weltkrieg
1942	Wannseekonferenz zum jüdischen Völkermord
August 1945	Atombombenabwürfe auf Japan
1949	Gründung von BRD und DDR
1961	Bau der „Berliner Mauer"
1965–1973	Vietnamkrieg; Studentenunruhen
1990	Deutsche Einheit
Wissenschaft/Technik	
1935	Radio („Volksempfänger")
1938	Atomkernspaltung
1946	Erfindung des Computers
1952	Fernsehen
1961	Juri Gagarin im All
1969	Neil Armstrong auf dem Mond
1993	World Wide Web
1999	Klonen menschlicher Zellen
Musik	
1965	Ordensverleihung an die Beatles
1969	Woodstock Music Festival, New York
1979	Pink Floyd *The Wall*
1992	Aribert Reimann *Das Schloss*, Oper nach Franz Kafka

Der geteilte Himmel 1963

In Christa Wolfs erster Erzählung werden Rita und Manfred 1961 durch den Bau der „Mauer" in Berlin getrennt.

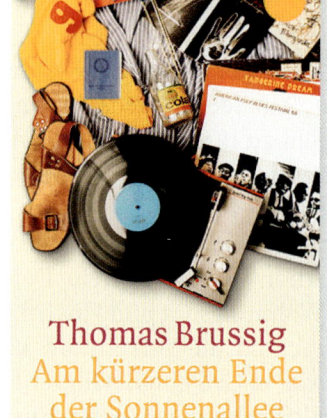

Am kürzeren Ende der Sonnenallee 1999

Die Berliner Mauer „begrenzt" das Leben von Micha, Miriam und ihrer Clique auf komische, nicht tragische Weise. Im gleichnamigen Film, nach dem der Roman entwickelt wurde, öffnet sich die Mauer am Ende.

Um die Jahrtausendwende macht eine junge Generation von Autorinnen und Autoren wie Judith Hermann, ▶ Julia Franck und John von Düffel von sich reden. ▶ S. 31

Einige von ihnen, so vor allem Christian Kracht, Benjamin von Stuckrad-Barre und Zoë Jenny, werden zur so genannten „Pop-Literatur" gerechnet.

„Als meine Mutter ein paar Straßen weiter in eine andere Wohnung zog, blieb ich bei Vater."
So beginnt *Das Blütenstaubzimmer* (1997) von Zoë Jenny.

Einfügung des Einzelnen in die Gesellschaft. Ein kritisches und problematisches Thema, das auch die folgenden Jahre viele Schriftsteller/innen beschäftigt (Volker **Braun**, Jurek **Becker**, Sarah **Kirsch**, Stefan **Heym**, Ulrich **Plenzdorf**), bis die Zwangsausbürgerung von Wolf **Biermann** 1976 viele Künstler/innen zum Verlassen der DDR bewegt (u. a. Reiner **Kunze**, Günter **Kunert**, Monika **Maron**).

Aber auch danach entsteht wichtige Literatur in der DDR und über sie, bis heute (Christoph **Hein**, Ingo **Schulze**, Thomas **Brussig**).

Literatur heute und morgen

Welche Autorinnen und Autoren der Gegenwart Literaturgeschichte schreiben werden, lässt sich heute nicht vorhersagen.

Den literarischen Markt verfolgen und viel diskutierte Neuerscheinungen lesen ist eine lohnende Angelegenheit. **Literaturempfehlungen** und Leseanregungen findet man in Zeitungen, Zeitschriften oder im Internet.

Auch im Rundfunk und Fernsehen gibt es regelmäßig Literaturmagazine, die einen Überblick über die aktuellen Erscheinungen auf dem deutschen und internationalen Buchmarkt geben.

Lesungen in Buchhandlungen und Bibliotheken, Auftritte auf Buchmessen, in Talkshows oder Dokumentarfilme machen nicht nur mit neuen literarischen Texten, sondern auch mit ihren Verfasser/inne/n bekannt.

Das **Hörbuch** zu einem literarischen Werk oder seine **Verfilmung** können entscheidend zu seiner sogar weltweiten Verbreitung beitragen (z. B. *Harry Potter* von J. K. Rowling, *Das Parfum* von Patrick Süskind).

Angesichts heutiger Medienmacht ist Vorsicht geboten, dass Autor/inn/en und ihre Werke nicht zu einem bloßen „Hype" werden; so geschehen mit dem Roman *Axolotl* der 17-jährigen Helene Hegemann, den die Medien bei seinem Erscheinen 2010 überschwänglich lobten, um ihn kurze Zeit später zu verreißen.

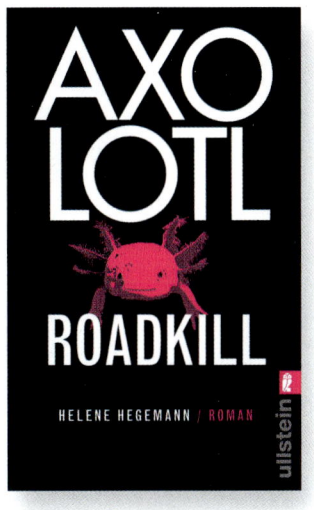

Helene Hegemann
Axolotl Roadkill
Roman

Während **Bestsellerlisten** über den Verkaufserfolg von Neuerscheinungen Auskunft geben, sagen **Literaturpreise** auch etwas über den künstlerischen Wert und die Bedeutung eines Werkes. Der berühmteste internationale Literaturpreis ist der Nobelpreis für Literatur (2004 an Elfriede Jelinek, 2009 an Herta Müller). Zu den wichtigsten Literaturpreisen im deutschsprachigen Raum zählen der Kleist-Preis, der Georg-Büchner-Preis, der Friedenspreis des Deutschen Buchhandels, der Ingeborg-Bachmann-Preis und der Deutsche Buchpreis der Leipziger Buchmesse.

> POESIE, DAS IST EIN BISSCHEN FREIHEIT MACHEN.
>
> Karin Kiwus

2.5 (Neue) Medien

Die Zeitung

Der Blick in eine Bahnhofsbuchhandlung zeigt eine Flut von Zeitungen und Zeitschriften.
Wonach soll man greifen?

Hier findest du Hinweise, die dir die Orientierung auf dem Medienmeer erleichtern wollen.

Zeitungsarten	
■ **Tages**- und **Wochen**zeitungen	Sie unterscheiden sich in Erscheinungshäufigkeit und Aktualität (hier ist die Tageszeitung im Vorteil).
■ **lokale, regionale, überregionale** Zeitungen	Unterscheiden sich nach Verbreitungsgebiet und nach lokalen, nationalen und internationalen Themen.
■ **Boulevard**- und **Abonnement**zeitungen	Eine Boulevardzeitung wird auf der Straße („Boulevard"), am Kiosk verkauft und hat einen hohen **Unterhaltungs**wert. Eine Abonnementzeitung wird hauptsächlich bestellt („abonniert") und hat einen hohen **Informations**wert.
■ **Print**- und **Online**-Zeitungen	Die gedruckte und die elektronische Version einer Zeitung unterscheidet sich nicht nur in den Lese- und Nutzungsmöglichkeiten, sondern auch im Textangebot.

Aufbau und Grundelemente von Zeitungen

- ■ Zeitungsredaktionen und Zeitungen sind in verschiedene inhaltliche Abteilungen oder **Ressorts** eingeteilt; z. B.:
  Politik – Kultur/Feuilleton – Lokales – Wirtschaft – Sport – Vermischtes/Aus aller Welt
- ■ Die Bestandteile einer ▶ Zeitungsseite wie
  Schlagzeilen – Unterüberschriften – Texte – Schriftarten/-größen – Abbildungen haben entsprechend ihrer Wichtigkeit eine bestimmte Anordnung, Größe und Farbigkeit, eine Seitengestaltung (ein **Layout**).
- ■ Viele Zeitungsartikel sind nach dem **Lead**-Stil („Das Wichtigste zuerst!") aufgebaut:
  Schlagzeile → zusammenfassender „fetter" Vorspann → Haupttext → Zusatzinformationen.

▶ S. 75

Die Artikel in Zeitungen und Zeitschriften lassen sich in zwei Gruppen einteilen:
- ■ **informierende** Artikel (Nachricht, Meldung, Bericht)
- ■ **meinungsäußernde** Artikel (Kommentar, Glosse usw.).

2.5 Umgang mit Texten und Medien – (Neue) Medien

12 GENERAL-ANZEIGER — FEUILLETON — DONNERSTAG, 19. JULI 2007

HARRY POTTER

Die Königliche Post setzt Spezialzug ein

Kurz vor Erscheinen des letzten Harry Potter-Bandes erreichen die Spannung und die Nachfrage neue Dimensionen. Mehr als zwei Millionen Vorbestellungen weltweit sind bisher beim Online-Händler Amazon eingegangen. Während tausende kleine und große Fans bei Mitternachtsverkäufen des britischen Buchhandels erwartet werden, kündigte die Post des Vereinigten Königreichs einen strengen Arbeitsplan an: 180 Extra-Lastwagen und ein Spezialzug sind in der Nacht zum Samstag (21. Juli) unterwegs. 600 000 Bände würden am Erscheinungstag an Privathaushalte auf der Insel geliefert, teilte die Royal Mail mit. dpa

Angebliche Kopie im Internet

Trotz extremer Sicherheitsvorkehrungen ist kurz vor Erscheinen des letzten Harry Potters eine angebliche Kopie des Buches im Internet aufgetaucht. „Unsere Anwälte kümmern sich darum", sagte die verantwortliche Sprecherin des britischen Potter-Verlags Bloomsbury, Lucy Holden. Sie wollte aber nicht kommentieren, ob es sich dabei um eine Kopie des echten Bandes „Harry Potter and the Deathly Hallows" handelt: „Wir bestätigen und dementieren das nicht." dpa

Geheimsache Potter FOTO AP

Zauber auf britischen Briefmarken

Die britische Post hat jetzt eine neue Briefmarkenserie mit Abbildungen aus allen sieben Harry-Potter-Büchern herausgegeben. Rund 340 000 Interessenten hätten die Sets der Sondermarken schon vorab bestellt und damit alle bisherigen Rekorde gebrochen, teilte die Royal Mail mit. Neben den Titelbildern der Bücher finden sich auf den Briefmarken auch fiktive Motive wie Darstellungen der Zauberschule Hogwarts. Einen Monat lang werden die Sondermarken in allen britischen Postämtern verkauft, online können sie ein ganzes Jahr lang bestellt werden. dpa

Rowling erinnert an entführte Madeleine

Buchhandlungen, die den siebten Harry-Potter-Band verkaufen, sollen Poster von Madeleine aufhängen und so an die Entführung der Vierjährigen erinnern. Potter-Autorin Joanne K. Rowling hat die 65 Verlage ihres Buches in der ganzen Welt gebeten, mit Plakaten die Aufmerksamkeit auf die vor 75 Tagen in Portugal entführte Britin zu lenken. Rowling hat außerdem mehrere hunderttausend Pfund als Belohnung für Hinweise auf Madeleine versprochen. dpa

Wetten auf den letzten Band

Ist der siebte und letzte Harry-Potter-Band doch nicht der letzte? Die Quote bei den Buchmachern von Paddy Power für Band Acht liegt bei 9,00, also durchaus im wahrscheinlichen Bereich. Paddy Power ist Irlands größter Wettanbieter. Die am meisten gefragte Wette ist derzeit, ob Harry der Lieblingsname der Briten in 2007 werden wird. Mit einer Quote von 4,00 glauben zumindest die Buchmacher fest daran. dpa

Potterpedia für Einsteiger

Cuthbert Binns – wer war das nochmal? Wer nach bislang sechs und bald sieben Potter-Bänden den Überblick über Namen, Ereignisse oder Hogwarts-Schulfächer verloren hat, dem hilft das Lexikon „Potterpedia" im Internet weiter. 899 Einträge zählt das Nachschlagewerk bereits. Die rund 40 Autoren des Lexikons sind zwischen 14 und 22 Jahre alt und alle eingefleischte Harry Potter-Fans. Der Neueinsteiger kann dann eben auch lernen, dass Professor Cuthbert Binns der einzige Geist ist, der in Hogwarts unterrichtet. Sein Fach ist die Geschichte der Zauberei. dpa

Internet: http://potterpedia.de

Zauberhafter Harry

LITERATUR Am Samstag erscheint der letzte Band: Mit ihren Harry-Potter-Büchern hat Joanne K. Rowling die Grundlagen für ein Fantasy-Imperium gelegt, das noch über Jahre hinaus Milliardenumsätze machen wird

Von **Thomas Burmeister**

Harry Potter starb mit 19. Er war ein britischer Soldat und fiel vor fast 70 Jahren bei Kämpfen in Hebron. Als 2005 Harry-Potter-Fans zufällig auf das Grab dieses Namensvetters ihres Idols in der israelischen Kleinstadt Ramle stießen, stellten sie etwas seltsames fest: Es gab tatsächlich Menschen wie den Friedhofswärter Ibrahim Huri, die noch nie von den Büchern oder Filmen über den berühmten Zauberlehrling gehört hatten.

Inzwischen dürfte die ohnehin nur kleine Schar der Potter-Ignoranten noch weiter geschrumpft sein. Millionen von Menschen – längst nicht nur im Kindesalter – sehen den kommenden Samstag als Schicksalstag an. Dann erscheint „Harry Potter And The Deathly Hallows", der siebte und letzte Band der Reihe. Stirbt Harry oder nicht? Die Frage wird derzeit in Internet-Chats vermutlich häufiger diskutiert als die nach der Erderwärmung.

Begonnen hatte alles mit einem Geistesblitz während einer Bahnfahrt vor rund 17 Jahren. Er kam einer blonden Frau mit Supermarktbrille und abgetragener Kleidung im Zug von Manchester nach London. Aus dem Gedanken wuchs eine Welt der Magie mit eigenen Gesetzen, einprägsamen Gestalten und großartigen Schauplätzen wie der Zaubererschule Hogwarts mit dem Büro von Schulleiter Albus Dumbledore.

Das ganze Potter-Universum war fertig, ehe Joanne K. Rowling ihre erste Romanzeile schrieb. Was es so fesselnd macht, ist auch, dass neben der Fantasiewelt jene nachvollziehbar-reale der „Muggles" existiert, der Menschen wie du und ich. So kann der Leser leicht aus seiner eigenen Sphäre in die Traumzone wechseln.

Und am Londoner Bahnhof King's Cross gibt es inzwischen an einer Wand den Hinweis auf den Bahnsteig 9 3/4, auf dem der magische Express nach Hogwarts abgeht – wenn man nur fähig ist, durch die Backsteinwand hindurchzuschreiten.

Schon der erste Band, „Harry Potter und der Stein der Weisen", wurde 1997 zu einem Riesenerfolg.

Der bekannteste Jugendbuchheld der Welt: *Harry Potter (Daniel Radcliffe in „Harry Potter und die Kammer des Schreckens")* PA/KPA

Spätestens als 2001 die Verfilmung weltweit mehr als eine Milliarde Euro einbrachte, wurde klar, dass Rowling die Grundlagen für ein Fantasy-Imperium gelegt hatte, das viele Jahre lang Milliardenumsätze machen würde. Demnächst kommt zu unzähligen Nebenprodukten auch noch ein Themenpark in Amerika hinzu.

Von Anfang an – und das trug zum Entstehen des Potter-Imperiums bei – hatte Rowling Kurs genommen auf sieben Abenteuerfolgen. Vorbild waren sieben Jahre an weiterführenden britischen Schulen. Erst jetzt erfährt die globale Pottergemeinde, was Rowling schon als Unbekannte für den finalen Kampf zwischen dem Bösen in Gestalt des dunklen Lords Voldemort und dem Guten namens Harry erdacht hatte.

Stets war auch klar, dass die Auflösung etlicher Rätsel – darunter das um den scheinbar durch und durch fiesen Lehrer Snape – erst im siebten und letzten Band kommen würde. Doch nicht nur die fantasievolle Handlung bewegte die Leser. Auch Rowling (41) selbst wurde zu einer Story von der Art, wie das Volk sie liebt: Aus einem Aschenputtel wurde ein Schneewittchen.

„Es ging mir wirklich nicht gut", berichtete sie über jene Zeit, als sie in der schottischen Hauptstadt Edinburgh am ersten Band arbeitete. „Ich hatte meinen Job als Lehrerin verloren, meine Ehe war in die Brüche gegangen. Meine Mutter war an Multipler Sklerose gestorben, ich war einsam und litt an Depressionen." Die fanden Aufnahme in ihre Bücher, wurden zu Todessern, Dementoren und anderen furchterregenden Gestalten. Und aus der arbeitslosen Lehrerin wurde eine der am meisten bewunderten Frauen der Welt, die obendrein reicher ist als die britische Königin.

Manche Literaturkritiker rümpfen zwar noch leicht die Nase. Und es hält auch der Streit an, ob J.R.R. Tolkien („Der Herr der Ringe") oder J.K. Rowling den größeren Beitrag zur englischen Fantasy-Literatur geleistet haben.

Leser des renommierten „Book Magazine" wählten Rowling jedoch schon vor einem Jahr zur bedeutendsten lebenden Schriftstellerin Großbritanniens – und gaben ihr immerhin den Vorzug vor Größen wie John Le Carré, Nick Hornby und sogar Nobelpreisträger Harold Pinter.

Nun also das Ende und die Furcht, dass der zauberhafte Harry uns verlässt. Natürlich wird er das nicht. Auch wenn Rowling selbst mal düstere Andeutungen machte und darauf verwies, dass Agatha Christie schließlich ihren Helden Hercule Poirot habe sterben lassen. Wer wollte ernsthaft glauben, dass die bekannteste Jugendbuchautorin der Welt den bekanntesten Jugendbuchhelden der Welt sterben lässt? Schlimmstenfalls nimmt sie ihm für alle Zeiten den Zauberstab weg. dpa

Drei Freunde in der Zauberschule: *(von links) Harry (Daniel Radcliffe), Ron (Rupert Grint) und Hermine (Emma Watson) in „Harry Potter und der Stein der Weisen"* FOTO: DPA

DIE SIEBEN JAHRE MIT HARRY

Die sieben „Harry-Potter"-Bände entsprechen den sieben Schuljahren des kleinen Magiers auf der Zauberschule Hogwarts. Die Reihe beginnt mit dem elften Geburtstag Harry Potters.

Im Mittelpunkt der Saga steht Harrys Kampf gegen die Schreckensgestalt Lord Voldemort, der Harrys Eltern umgebracht hat. Als der böse Lord auch ihren Sohn töten will, fällt der Todesfluch auf ihn selbst und zerstört seinen Körper. Harry kommt nach dem Tod der Eltern als Baby in die Obhut seiner Tante Petunia und ihres Mannes Vernon Dursley.

Die Familie der Muggles (so heißen die nicht magischen Wesen) behandelt ihn schlecht und hat absolut nichts für Zauberei übrig. Doch die magische Welt hält ihre schützende Hand über Harry, mit dem sie längst große Pläne hat. An seinem elften Geburtstag bekommt Harry eine Einladung für das Zauberinternat Hogwarts. Von nun an lernt er seine magischen Fähigkeiten kennen. Jedes Jahr fährt Harry mit dem Express-Zug von London King's Cross nach Hogwarts.

Dort lernt er seine Freunde Hermine und Ron kennen, der Schulleiter Albus Dumbledore wird Harrys Unterstützer. Der flüchtige Gefangene von Askaban in Band Drei entpuppt sich als Harrys Pate Sirius Black und wird zur wichtigen Bezugsperson. Lord Voldemort versucht immer wieder, seinen Körper zurückzuerlangen, was ihm schließlich in Band Vier gelingt. In der Schlüsselszene nimmt er mit Hilfe von Harrys Blut wieder eine Gestalt an und schart seine Anhänger, sogenannte Todesser, um sich. Im folgenden, fünften Band erfährt Harry, dass er eine Macht hat, die Voldemort nicht besitzt und dass entweder er oder der dunkle Lord sterben muss.

Es ziehen immer mehr dunkle Wolken am Horizont auf, die auch auf die Muggle-Welt ausstrahlen. Im bisher letzten Band wird bekannt, dass der dunkle Lord seine Seele in Form von Horkruxen gesichert hat. Harry nimmt sich vor, diese zu finden und zu zerstören. Sein Mentor Dumbledore muss im sechsten Band sterben. Harry beschließt, Lord Voldemort zum entscheidenden Duell zu stellen. dpa

„Ich hatte Angst, es sei hoffnungslos"

PORTRÄT Die Potter-Autorin: Der unvorhersehbare Aufstieg der Joanne K. Rowling

Von **Annette Reuther**

Joanne K. Rowling hat eine Karriere von der armen Arbeitslosen zur Multimilionärin hinter sich. Während sie zu Beginn ihres Ruhms den Eindruck erweckte, als wolle sie sich vor Schüchternheit Harry Potters Unsichtbarkeits-Mantel borgen, schreitet die 41-Jährige heute selbstbewusst über die roten Teppiche der Welt.

Joanna Rowling kam am 31. Juli 1965 im südwestenglischen Chipping Sodbury nahe Bristol zur Welt. Schon als Fünfjähriger spukten ihr Fantasiegeschichten im Kopf herum, die sie ihrer Schwester Di erzählte. „Seitdem wollte ich Schriftstellerin werden, obwohl ich das selten jemandem erzählt habe. Ich hatte Angst, dass jemand sagte, es sei hoffnungslos", berichtete Rowling. Sie war sogar so schüchtern, dass sie sich im Zug von Manchester nach London, wo ihr 1990 die Harry-Potter-Saga einfiel, nicht traute, nach einem Stift zu fragen.

Rowling studierte Französisch und arbeitete unter anderem bei amnesty international als Sekretärin. Als ihre Mutter mit 45 Jahren an Multipler Sklerose starb, ging Rowling vor Schmerz nach Portugal, wo sie als Sprachlehrerin arbeitete.

Dort lernte sie ihren ersten Mann kennen. Die Ehe währte jedoch nicht lang, und Rowling zog mit ihrer Tochter Jessica ins schottische Edinburgh, war arbeitslos und lebte von Sozialhilfe.

Joanne K. Rowling: *„Ich wollte immer Schriftstellerin werden"* FOTO: DPA

Der Legende nach soll sie dort in einem Café 1995 das erste Buch „Harry Potter und der Stein der Weisen" fertig geschrieben haben, weil sie zu Hause keine Heizung hatte. Doch Rowling bestreitet das: „Ich bin doch nicht so blöd, mir mitten im Winter eine ungeheizte Wohnung in Edinburgh zu mieten."

Nachdem der Verlag Bloomsbury das Werk akzeptierte, nahm Rowling die Kürzel „JK" an. Das „K" steht für „Kathleen", den Namen ihrer Lieblingsoma. Rowling benutzte die Initialien, um ihr Geschlecht zu vertuschen. Der Verlag war besorgt, dass Jungen das Buch nicht lesen wollen, weil es von einer Frau geschrieben wurde. Doch die Geschichten über den Zauberlehrling wurden zum Verkaufsschlager. Rowlings Vermögen wird derzeit auf rund 800 Millionen Euro geschätzt.

Rowling engagiert sich heute für Wohltätigkeitsorganisationen. Mit ihrem zweiten Mann Neil Murray hat sie zwei Kinder. Der sei auch der einzige, mit dem sie über das Ende von Harry Potter sprechen könne, bekannte sie einst, „weil er alles gleich wieder vergisst". dpa

2.5 Umgang mit Texten und Medien – (Neue) Medien

Zeitungstextsorten	
■ Der **Bericht**	ist ein Sachtext, der – meist im ▶ Präteritum – in erster Linie der Information über einen Vorgang, ein Ereignis u. Ä. dient. Der/die Berichtende unterlässt persönliche Wertungen und beschränkt sich auf die klare und möglichst genaue Darstellung des Geschehens. Für Hintergrundinformationen kann auch das ▶ Präsens verwendet werden.
■ Die **Nachricht/Meldung**	ist ein Bericht von wenigen Zeilen.
■ Der **Kommentar**	ist eine persönliche Stellungnahme zu einem Ereignis, die ausdrückliche Bewertung eines Geschehens.
■ Die **Glosse**	ist ein kurzer, witziger, ironischer oder bissiger Kommentar.
■ Der **Leitartikel**	ist der wichtigste Kommentar in einer Zeitung; meist auf der Titelseite abgedruckt.
■ Die **Rezension/Kritik**	ist die persönliche, kritische Bewertung eines Buches, eines Theaterstücks, eines Films, einer CD.
■ Das **Porträt**	ist die Beschreibung einer Person mit einer Würdigung ihrer kritischen und liebenswerten Eigenschaften.
■ Das **Interview**	ist ein Wort für Wort wiedergegebenes ▶ Gespräch mit einer Person über ihr Leben, ihre Ansichten und Wünsche; oder mit Experten über ein bestimmtes Thema, ein besonderes Ereignis.
■ Die **Reportage**	Anders als ein nüchterner Bericht (siehe oben) will sie nicht nur informieren, sondern auch unterhalten und das Geschehen möglichst unmittelbar miterleben lassen. Ein/e Reporter/in **berichtet** ausführlich über ein Ereignis; **informiert** sachlich und genau, auch über Hintergründe des Geschehens; **zitiert** Betroffene wörtlich; **schildert** anschaulich, sodass beim Lesen Bilder im Kopf entstehen; **bewertet** und **kommentiert** das Ereignis.
■ Der **Reisebericht**	Sein **berichtender Teil** gibt die wichtigsten Reisestationen wieder, indem er die ▶ W-Fragen beantwortet. In den **schildernden** Teilen eines Reiseberichts wird die erlebte Stimmung wiedergegeben, werden Gedanken und Gefühle geäußert. Das Erlebte wird nicht nur sachlich dargestellt, sondern persönlich bewertet.

▶ S. 103 (Der Bericht)
▶ S. 103
▶ S. 149 (Das Interview)
▶ S. 9 (Der Reisebericht)

Zum **Leserbrief** ▶ S. 30

Radio – Kino für die Ohren

Das **Hör**spiel unterscheidet sich vom ▶ **Schau**spiel zwar durch den Wegfall alles Sichtbaren. Aber das empfindet kein/e Zuhörer/in als Mangel: Dank räumlich vermittelter Stimmen, Geräusche und Musik wirkt es wie „Kino für die Ohren".

▶ S. 57

Günter Eich

Träume

Hörspiel 1950

Singen und Gelächter von Männer-, Frauen- und Kinderstimmen. Als der Lärm einmal nachlässt, hört man die sich nähernde Nachbarin.

NACHBARIN	Hallo! He! Ihr! Es wird still.
VATER	Was gibt's, Nachbarin?
NACHBARIN	*nahe:* Ihr lacht!
MUTTER	Warum sollen wir nicht lachen?
VATER	Wir sind glücklich.
NACHBARIN	Wie könnt ihr das?
VATER	Wir haben fünf Kinder und das tägliche Brot. Habt ihr Sorgen, Nachbarin?
NACHBARIN	Wisst ihr nicht, dass der Feind kommt? […]

Man hört entfernt ein tappendes Geräusch, als nähere sich ein unförmiges Wesen.

MUTTER	Was ist das?
VATER	Schritte.
MUTTER	So geht doch niemand.
VATER	Still!

Die tappenden Schritte kommen näher.

ELSIE	Es sind Schritte, Mama.
BOB	Es kommt hierher.

Die Schritte kommen dröhnend nahe und halten an. Das Folgende flüsternd gesprochen.

MUTTER	Jetzt hält er an.
VATER	Ganz nahe an unserm Haus. […]
MUTTER	Still!
BOB	Es bewegt sich.

Man hört drei nachdrückliche Schläge an das Hoftor. […]

Das wohl älteste Hörspiel der Rundfunkgeschichte, *A Comedy of Danger* von Richard Hughes (London 1924), verlegte die Handlung in ein lichtloses Bergwerk.
Um 1900 entwickelt, hat das Radio trotz Fernsehen und Internet bis heute nichts von seiner Beliebtheit eingebüßt.

Film und Fernsehen

Sechs Einzelfotos aus einem kurzen **Werbefilm** („Spot").

▶ S.42 Horror-, Kriegs-, Fantasy-, Liebesfilm, ... – die Zahl der verschiedenen Filmarten („Genres") ist groß. So wie wir alle geschriebenen Texte grob einteilen können in ▶ Literatur (Dichtung) und Sachtexte, lassen sich
- erfundene **Spielfilme** und
- tatsachenbezogene **Dokumentarfilme**

unterscheiden.

▶ S.57 Und so, wie ein ▶ Schauspiel aus Akten und Szenen besteht, gliedert sich ein Film in inhaltlich abgeschlossene
- **Szenen** oder **Sequenzen**.

Im Unterschied zu einem Buch, verfasst von einer einzigen Person, ist ein Film ein Gemeinschaftswerk vieler: Regisseur/in, Drehbuchautor/in, Kameraleute, Schauspieler/innen usw.
- Grundlage des Films ist das **Drehbuch**. Es enthält eine genaue Einteilung der Szenen/ Sequenzen und erfasst – oft spaltenweise – Handlung und Dialoge, Angaben über Handlungsorte (innen/außen) und -zeiten (Tag/Nacht).

- Unter einen **Storyboard** versteht man die bildliche Umsetzung der Filmhandlung in einzelne comicartige Zeichnungen (Fotos) mit möglichst genauen Kameraangaben.
- Im Film wird eine Handlung in bewegte **Bilder** und **Dialoge** umgesetzt, mit einem schnelleren oder langsameren Tempo.
- Dabei spielen **Musik** und **Geräusche** eine wichtige Rolle.

Weit/Panorama   Totale   Halbtotale   Halbnah

Amerikanisch   Nah   Groß   Detail

- Die **Kameraeinstellung** legt die Größe des auf der Leinwand sichtbaren Bildausschnitts fest. Damit lassen sich bestimmte Wirkungen beim Publikum erzielen.
- Unter **Zoom(en)** versteht man den stufenlosen, gleitenden Wechsel zwischen verschiedenen Einstellungsgrößen.
- Der Standpunkt der Kamera, ihr Blickwinkel wird als **Kameraperspektive** bezeichnet:

Vogelperspektive   Normalsicht   Froschperspektive

- Das Aneinanderfügen zweier Einstellungen oder Szenen nennt man **Schnitt**:
  Beim **harten** Schnitt folgen die Szenen ohne gleitenden Übergang aufeinander.
  Beim **weichen** Schnitt werden im Gegensatz dazu (durch „Überblendungen") fließende Übergänge zwischen den Szenen geschaffen.
- Unter **Montage** versteht man das Zusammenfügen von Bild- und Tonelementen und das Verbinden von Einstellungen, Szenen und Sequenzen zum ganzen Film.
- **Schuss – Gegenschuss** heißt die Form der Montage, in der zwei Figuren im raschen Wechsel gezeigt werden. (Die Technik wird häufig bei Gesprächen genutzt.)

Einige Fernseh-Fakten

- Beim **Pay-TV** muss jeweils für einzelne Programme (z. B. Fußballspiele, Filme) oder Sendungen bezahlt werden.
- Der Bereich des **Free-TV** setzt sich aus den **öffentlich-rechtlichen** Sendeanstalten und den **kommerziellen** Sendern zusammen, den „Privaten".
Die Öffentlich-Rechtlichen finanzieren sich zum größten Teil über staatlich festgesetzte Gebühren und zu einem geringeren Teil über Werbeeinnahmen. Die kommerziellen Sender sind vollständig von Werbeeinnahmen abhängig und deshalb an hohen Zuschauer-**Einschaltquoten** interessiert: Nach denen richten sich die Gebühren der Werbekunden.
- **Fernsehwerbung** wird in Deutschland seit 1956 ausgestrahlt.
Neuere, nicht unproblematische Formen sind
Programmsponsoring: Unternehmen, Organisationen, Einzelpersonen finanzieren (Teile von) Sendungen und werden dafür vom Sender etwa durch die Einblendung/Nennung von Firmen-/Markenname oder Logo belohnt.
Product-Placement: Hier stellen Unternehmen ihre Produkte zur Verfügung, die dann in den Sendungen/Filmen werbewirksam auftauchen.

Werbung mit AIDA

Werbung ist allgegenwärtig und sowohl in den
- Druckmedien: Zeitungen, Zeitschriften, Plakate

als auch in den
- audiovisuellen Medien: Radio, Film, Fernsehen, Internet

präsent.

2.5 Umgang mit Texten und Medien – (Neue) Medien

Ihre Absicht („Strategie") ist es, eine bestimmte Personen- und Zielgruppe zum Erwerb eines Produkts zu bewegen.

Das kann man auf die so genannte **AIDA-Formel** bringen:

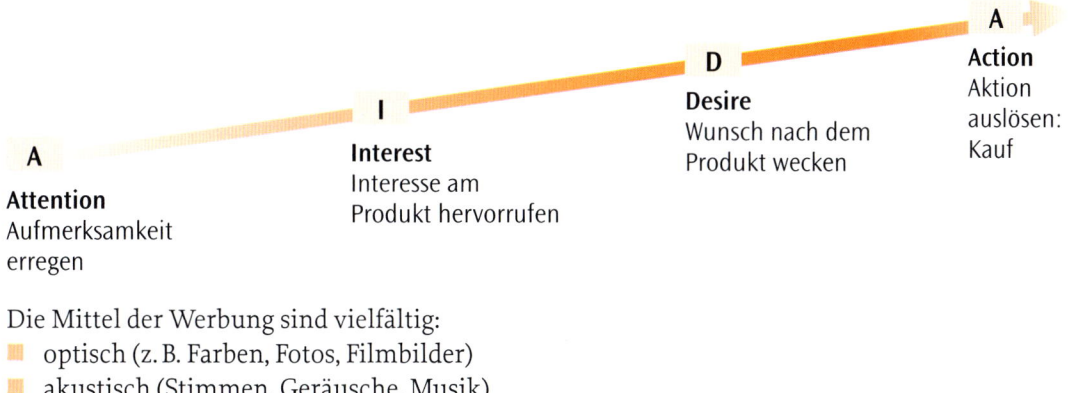

A – **Attention** – Aufmerksamkeit erregen
I – **Interest** – Interesse am Produkt hervorrufen
D – **Desire** – Wunsch nach dem Produkt wecken
A – **Action** – Aktion auslösen: Kauf

Die Mittel der Werbung sind vielfältig:
- optisch (z. B. Farben, Fotos, Filmbilder)
- akustisch (Stimmen, Geräusche, Musik)
- sprachlich-stilistisch (z. B. Slogans, Appelle)

Fragen zur		
Werbe-**Optik**	Welcher Blickfang (**Eyecatcher**) macht dich aufmerksam? z. B. das Bild(motiv) – Farbe(n) – Licht – Größenverhältnisse – Schriftgestaltung	
	Welche ▶ **Perspektive** und ▶ **Einstellungsgröße** überraschen? Vogel-/Froschperspektive – Panorama – Nah – Detail	▶ S. 79
	Was fällt auf bei Bildertempo – Schnitt – Montage? schnell – ruhig – fließend – abrupt – abgehackt	
Werbe-**Akustik**	Was fesselt dein Ohr (**Earcatcher**)? Geräusch(e) – Musik – Stimme(n)	
Werbe-**Sprache**	Fällt ein besonderer Slogan, eine besondere Überschrift auf?	
	Enthält der Werbetext wichtige Informationen?	
	Welche Wörter haben einen besonders positiven Klang (▶ Konnotationen)?	▶ S. 121
	Welcher ▶ Wortschatz wird verwendet? Fremd-/Fachwörter – Umgangs-/Jugendsprache – gehobene Sprache	▶ S. 124
	Wie ist der Satzbau? einfach – verkürzt (elliptisch) – Fragen – Ausrufe – Aufforderungen (Appelle)	
	Welche ▶ rhetorischen Mittel werden verwendet? Wortspiele – Reime – Vergleiche – Metaphern	▶ S. 40

Das Internet als soziales Medium

Im Internet kann man Informationen recherchieren, aber auch selbst Texte platzieren. Zum Kommunizieren stellt das Netz wichtige Anwendungen wie E-Mailing, Foren, Blogs, Instant Messaging und Chats bereit und lässt sich so – ähnlich wie das Telefon – als soziales Medium nutzen.

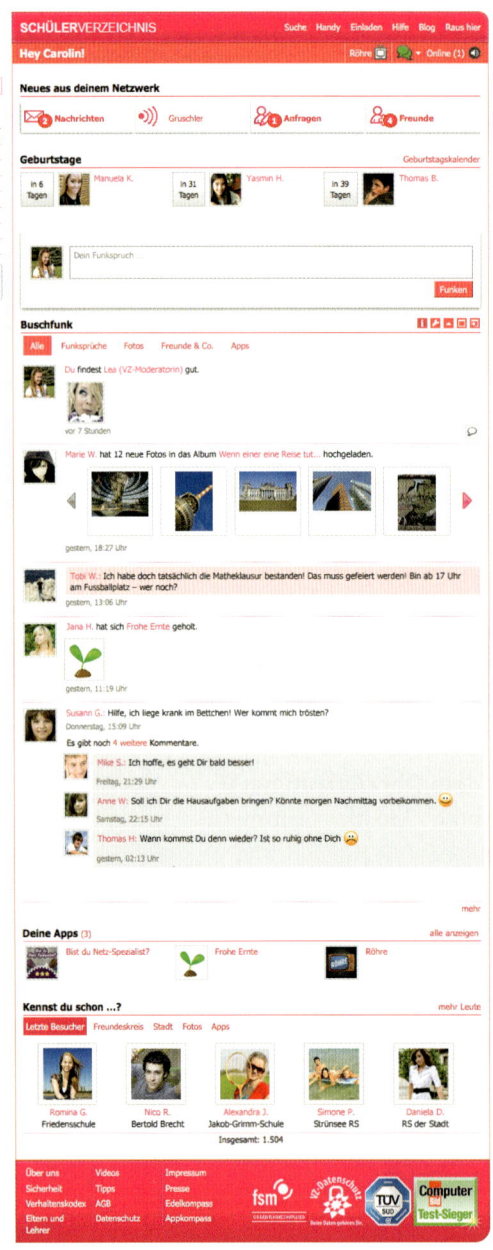

Soziale Netzwerke wie **Facebook** bieten die verschiedenen Kommunikationsdienste innerhalb einer Anwendung an. Dazu muss man sich nur auf einer einzigen Website anmelden. Außerdem kann man eine „Profilseite" mit einem Foto und persönlichen Angaben zu Schule, Hobbys, Vorlieben und Abneigungen anlegen. Dazu kommen meist ein „Mini-Blog" und die Möglichkeit, Fotoalben zu erstellen.

Bestimmte soziale Netzwerke wie **Twitter** sind speziell für Handys und Smartphones gedacht, weil man hier Mitteilungen und Fotos per SMS oder Datenfunk veröffentlichen kann.

Soziale Netzwerke dienen hauptsächlich dazu, im Freundes-, Schüler- und Bekanntenkreis in Kontakt zu bleiben und neue Leute kennen zu lernen. Deshalb meldet man sich bei diesen Diensten am besten mit seinem echten Namen und nicht mit einem „Alias" (Decknamen) an.
Oft kann man sich nur dann registrieren lassen („einen Account anlegen"), wenn man von jemandem dazu eingeladen worden ist. Damit soll verhindert werden, dass sich „Internet-Kriminelle" in die Netzwerke einschleichen.

2.5 Umgang mit Texten und Medien – (Neue) Medien

Internet-Anwendungen

■ **E-Mail** (engl. „Elektronische Post")	E-Mailing ist immer noch der wichtigste Kommunikationsdienst des Internets. Er ermöglicht schnellen elektronischen Gedanken- und Informationsaustausch; mit Hilfe der „Attachment"-Funktion auch von Dateien.
■ **Blog** (engl. *web* + *log*)	Ein Blog stellt eine Art Internet-„Tagebuch" dar. Hier schreibst du etwas, was du gerade tust, liest oder worüber du nachdenkst. Blogs sind in der Regel öffentlich, d. h., jede/r kann lesen, was du notierst. Meist haben Blogs eine „Kommentarfunktion", womit Besucher/innen deines Blogs Mitteilungen zu deinen Einträgen hinterlassen können.
■ **Forum** (lat. „Versammlungsplatz")	Foren dienen dazu, bestimmte Themen (engl. *topics*) öffentlich zu diskutieren. Hier kann man sich informieren und Meinungen austauschen. Foren gibt es zu praktisch jedem Thema, die Forumbeiträge nennt man auch „Post(ing)s".
■ **Chat** (engl. „plaudern")	Chats ähneln Foren. Auch hier gibt es bestimmte Themenbereiche („Chat-Rooms"), in denen man mit anderen diskutiert; und zwar in „Echtzeit": die eingetippte Mitteilung ist sofort sichtbar. Beim Videochatten unterhält man sich wie mit Hilfe eines Bildtelefons.
■ **IM** (von engl. *instant messaging* „Sofortnachricht")	Ein IM-Programm verwendet man, wenn man sich einzeln mit Freunden und Bekannten (engl. *buddys*) austauschen will. Wie im Chat sind die Mitteilungen ohne Verzögerung zu sehen.

Merke

Regeln für Internet-Kommunikation und soziale Netzwerke

- Wie in der Realität darfst du auch im „virtuellen" Internet niemanden beleidigen, nicht zu Straftaten auffordern und keine Unwahrheiten verbreiten.
- Die Polizei kann anhand der Netzwerkadresse deines Computers deine wirkliche Adresse ermitteln.
- Schütze deine Privatsphäre!
  Da man sich in sozialen Netzwerken mit echtem Namen und persönlichen Daten anmeldet, muss man seine Profileinstellungen so wählen, dass nur vertrauensvolle Personen darauf zugreifen können. Überlege dir gut, wem du wirklich trauen kannst.
- Prüfe sorgfältig, welche Daten du in deinem Profil öffentlich zugänglich machen willst und welchen Eindruck du damit machst.
  Zweifelhafte Fotos oder „harte Sprüche" können deinem Ansehen schaden!

3 Rechtschreibung und Zeichensetzung

Bist du sicher im Rechtschreiben und beim Zeichensetzen?
Wahrscheinlich mehr oder weniger sicher.
Und wo machst du mehr, wo weniger Fehler?
Um das herauszufinden und zu beseitigen, lies die folgenden …

3.1 Tipps zum Rechtschreiben

Tipp 1

Fehler finden und ordnen

Gerade für die Rechtschreibung gilt: Niemand ist fehlerlos!
Um deine eigenen Rechtschreibschwächen festzustellen,
arbeitest du am besten mit dem Fehlerbogen auf der nächsten Seite.
Ordne deine persönlichen Rechtschreibfehler den aufgeführten Fehlerarten zu.
In welchem Bereich musst du am meisten üben?
Dieses Kapitel hilft dir beim Fehlerfinden und -vermeiden.

3.1 Rechtschreibung und Zeichensetzung – Tipps

Fehlerart	Beispiele	Was ist zu tun?	
Groß- und Kleinschreibung			
▪ Nomen	*Ich habe Recht.* *Rechtschreibung*	Artikelprobe/Pluralprobe anwenden.	▶ S. 91
▪ nominalisierte Verben	*beim Räuspern*	Typische Nomenendungen beachten.	▶ S. 92
▪ nominalisierte Adjektive	*etwas Schönes*	Auf Begleiter achten: *am, beim, im, etwas, viel …*	
▪ Anredepronomen	*Ich schreibe Ihnen …*		▶ S. 19
Fremdwörter Fachwörter	*Freak* *Parallelismus*	Im Wörterbuch nachschlagen.	▶ S. 94
Getrennt-/Zusammenschreibung			▶ S. 94
▪ Verb + Verb	*schreiben lernen*	Wortarten und Regeln beachten.	
▪ Nomen + Verb	*Rad fahren*		
▪ Adjektiv + Verb	*laut singen*	Im Wörterbuch nachschlagen.	▶ S. 86
▪ Verbindungen mit *sein*	*fertig sein*		
▪ bei Bedeutungsübertragung	*schwarzfahren*		
▪ Nomen + Adjektiv	*schülergerecht*		
▪ Adverb + Verb	*hintergehen*		
Ähnlich klingende Laute verwechseln		Im Wörterbuch nachschlagen.	▶ S. 86
▪ *d* und *t*	*Endspurt, Entdeckung*	Ist „Ende" beteiligt?	
▪ *g* und *k*	*Tag*	Verlängerungsprobe machen: *Tage*	▶ S. 88
▪ *v* und *f*	*vergleichen*	Präfix *ver-* einprägen.	
▪ *ä* und *e*	*alltäglich*	Verwandte Wörter mit ***a*** *(Tag)* bzw. ***au*** *(Traum)* suchen.	
▪ *äu* und *eu*	*träumen*		▶ S. 88
s-Laut	*hinweisen* *heißen* *Ruß* *äußerlich* *vermissen*	Auf „stimmhafte" und auf „stimmlose" Aussprache achten. Auf den langen Vokal davor achten. Auf den Diphthong, auf den kurzen Vokal achten.	▶ S. 90
▪ ***das*** oder ***dass***	*Das Experiment, das …* *Man erfährt, dass …*	Die Ersatzprobe mit *welches* machen.	▶ S. 90

3.1 Rechtschreibung und Zeichensetzung – Tipps

Fehlerart	Beispiel	Was ist zu tun?
Komma		
■ in Satzreihen	*Ich beeile mich, **denn** die Zeit drängt.*	Auf Hauptsätze und Konjunktionen achten.
■ im Satzgefüge	*Wir bedauern es, **wenn** der Versuch misslingt.*	Auf Haupt- und Nebensatz mit einleitender Konjunktion achten.
■ beim Infinitivsatz	*Nichts Schöneres, als fleißig **zu sein**!*	Regeln beachten.
■ beim Relativsatz	*Jedes Kind, **das** lernt, darf ...*	

▶ S.96

Tipp 2

Alphabetisch nachschlagen

Man kann nicht alles wissen, man muss nur wissen, wo es steht!
Das gilt auch für die Rechtschreibung.
Du kannst Fehler vermeiden, wenn du bei Zweifeln über die richtige Schreibweise eines Wortes im **Wörterbuch** nachschlägst.
Dazu ist es nützlich, das Alphabet zu beherrschen!

■ Wenn mehrere Wörter den gleichen Anfangsbuchstaben haben, entscheidet der **zweite** Buchstabe über die Reihenfolge im Wörterverzeichnis (manchmal sogar der dritte oder vierte).	*Saal Schwalbe* *Sau Stier* *Schaf Stor* *Schal Stör*
■ Führe das Fehlerwort vor dem Nachschlagen auf seine **Grundform** zurück. Schlage dort nach.	*vergißt → vergessen* *du bist → sein*
■ Suche im Zweifelsfall an mehreren Stellen.	*spetiell? → spetziell?* *→ speziell!*

Gute Wörterbücher erklären
oft nicht nur den Fehler-Einzelfall,
sondern führen weitere Beispiele
und Regeln an.

Tipp 3

Die Rechtschreibprüfung am PC

Der PC kann dir mit dabei helfen, Fehler zu finden.

Extras ▼ **Rechtschreibung und Grammatik** ▼

Aber Vorsicht:

- Oft werden seltene oder ältere Wörter und Namen markiert, die gar nicht falsch sind.
- Manchmal werden mehrere Lösungsvorschläge gemacht, aus denen du (mit Hilfe des Wörterbuchs) die richtige Lösung auswählen musst.
- Kommafehler werden vom PC **nicht** erkannt.
- Wichtig: Viele besonders knifflige Rechtschreibprobleme – groß/klein, zusammen/getrennt, Fremdwörter – erkennt der PC **nicht**.

Merke: Auch wenn der Computer meldet „Die Rechtschreibprüfung ist abgeschlossen", kann der Text noch Fehler enthalten!

Tipp 4

Die Rechtschreibkartei

Besonders schwierige Wörter, die du immer wieder falsch schreibst, sammelst und übst du am besten in einer alphabetisch geordneten Rechtschreibkartei – pro Fehlerwort eine Karteikarte!

So kannst du vorgehen:

- Zieh eine Karteikarte.
- Präge dir das Fehlerwort gut ein.
- Schreib es auswendig auf die Karteikarte(nrückseite). Sprich leise mit.
- Übe das Wort im Satz, bilde Zusammensetzungen, Ableitungen, trenn es in Silben ...
- Kontrolliere die Rechtschreibung (mit dem Wörterbuch).
- Hast du (einen) Fehler gemacht: Ein Minus-Zeichen auf die Karteikarte!
- Hast du keinen Fehler gemacht: Ein Plus-Zeichen auf die Karteikarte!
- +++ bedeutet: Du kannst das Wort sicher schreiben. Diese Karteikarten wandern an das Ende des Kastens.

3.1 Rechtschreibung und Zeichensetzung – Tipps

Tipp 5

b oder p? – g oder k oder ck? – d oder t?

b/p	lie⊙ trü⊙ Sta⊙ du gi⊙st
g/k/ch	staubi⊙ weni⊙ Ber⊙ Wer⊙ Sie⊙
d/t	run⊙ bun⊙ Pfun⊙ Wel⊙

Vor allem am Wortende klingen diese Konsonanten ähnlich.
Um den richtigen Buchstaben zu schreiben,
- verlängere das Wort oder bilde eine andere Form des Wortes und
- sprich es deutlich aus.

liebe Stäbe geben
staubige Werke
runde bunte Welten

Tipp 6

ä oder e? – äu oder eu?

- Wenn du unsicher bist, ob ein Wort mit **ä** oder **e** zu schreiben ist, suche ein verwandtes mit **a**. Gibt es eins, schreibe mit **ä**:

  St⊙ngel → Stange → Stängel

- Gibt es kein verwandtes Wort mit **a**, schreibe mit **e**:

  B⊙ngel → ??? → Bengel
  ausw⊙ndig → ??? → auswendig

- Mit **äu** schreibst du ein Wort, wenn du ein verwandtes mit **au** findest:

  tr⊙umen → Traum → träumen
  Tierh⊙ute → Haut → Häute

- Gibt es kein verwandtes Wort mit **äu**, dann schreibe mit **eu**:

  Fr⊙ude → ??? → Freude
  h⊙ute Morgen → ??? → heute

Tipp 7

Kor - rek - te Sil - ben - tren - nung

- **Grundregel**
  Mehrsilbige Wörter trennst du nach Silben, die sich beim langsamen, betonten Sprechen ergeben.

  Ap - fel, Spa - zier - gang,
  er - zäh - len, pa - cken

- **Zwei Zusatzregeln**
  Ein einzelner Vokal wird **nicht** abgetrennt.

  A-pfel, U-fer

  Von mehreren Konsonanten kommt nur der letzte in die neue Zeile.

  Was - ser, Zap - pen, knusp - rig

▶ S. 94 Für alle anderen Fälle und Zweifel – etwa bei ▶ Fremdwörtern – schlage das Wort im Wörterbuch nach.

3.2 Laut- und Buchstaben-Regeln

Kurze Vokale

Kurzer Vokal und Doppelkonsonant

- Nach einem **kurzen** Vokal oder Umlaut (*a – e – i – o – u – ä – ö – ü*) schreibt man in der Regel einen **Doppelkonsonanten** (auch wenn man ihn nicht hört). — *offen, pappig, bitten, Robbe, närrisch, Göttin, füllen, vergesslich*
- Doppel-*k* → *ck* — *Glück, schick, Rock*
- Doppel-*z* → *tz* — *Pfütze, spitz, Glatze*

Tipp

Ausnahmen

Da es zu **allen** Rechtschreibregeln immer Ausnahmen gibt – besonders bei ▸ Fremdwörtern –, schlage im ▸ Wörterbuch nach, wenn du unsicher bist.

*ich bin, fit,
Klub,* ▸ S. 94
Pizza, Mokka ▸ S. 86

Lange Vokale

Grundregel

- Die **lang** ausgesprochen Vokale und Umlaute *a – e – i – o – u – ä – ö – ü* werden in den meisten Fällen wie die kurzen Vokale geschrieben. — *hacken, Haken / Fleck, pflegen / flott, Floß // Bus, Ruß / Bäckchen, Bären / Böcke, böse / bücken, Bücher*

Doppelvokal

- Manchmal wird ein langer Vokal verdoppelt; so bei *aa – ee – oo* — *haarig, waagrecht, Waagschale, ein paar Äpfel / Himbeere, schneeweiß, Seeluft, Fee, Idee, scheel / moosig, doof, Moorhuhn*

Dehnungs-h

- Manchmal folgt einem langen Vokal ein *h*. — *Mehl, Bahn, Ruhm, hohl, kühl, Ohr, lehren, gewöhnen*

Langes *i*

- Am häufigsten wird langes *i* mit *ie* geschrieben. Manchmal sogar mit *ieh*.

  *viel, ziemlich, lieben, riesig
  ziehen, Vieh, er befiehlt*

- *ih* kommt nur bei einigen Pronomen vor.

  ihr Auto, mit Ihnen, bei ihm

- **Ausnahmen**
  In vielen Fremdwörtern, aber auch einigen deutschen Wörtern wird der lange *i*-Laut durch ein einfaches *i* wiedergegeben.

  mir, dir, Augenlid, Maschine, Ski, Bleistiftmine, Klima, widersprechen

  Im Zweifelsfall im Wörterbuch unter *i* oder *ie* oder *ieh* nachschlagen!

Der *s*-Laut

- Nach **kurzem Vokal** → *ss*   *ich muss, nass, Tasse, es riss*
  (Ausnahmen: *Bus, Geheimnis* usw.)

- Nach **langem Vokal** und nach *eu, au, äu, ei* schreibt sich
  der **stimmlose** *s*-Laut → *ß*   *ich saß, genießen, äußerlich, reißen*
  der **stimmhafte** *s*-Laut → *s*   *ich rase, Bluse, Häuser, reisen*

- **Ausnahmen**
  kommen besonders bei gebeugten **Verbformen** vor. Schlag deshalb im Wörterbuch den ▶ Infinitiv nach: Seine Schreibung gilt oft auch für die gebeugten Formen.

sie ra⊙t	rasen	sie rast
man lie⊙t	lesen	man liest
er bei⊙t	beißen	er beißt

▶ S. 103

- ***das* oder *dass***
  Bist du unsicher, ob du (nach dem Komma) einen Nebensatz mit ***dass*** oder ***das*** beginnen musst, mache die ***welches*-Probe:**
  Wenn die ***welches*-Probe** klappt, – wie in Beispiel (1) –, handelt es sich um das ▶ Relativpronomen ***das***.

  (1) *Es ist ein tolles Lexikon,
       da⊙ ich nur empfehlen kann.*
       ↑
       welches = das

▶ S. 102

  Misslingt die ***welches*-Probe** – wie in Beispiel (2) –, liegt die ▶ Konjunktion ***dass*** vor.

  (2) *Mir gefällt an dem Lexikon,
       da⊙ es interessante Abbildungen enthält.*
       ↑
       welches = dass

▶ S. 111

Der *f*-Laut und der *w*-Laut

f-Laut

Er kann durch drei Buchstaben wiedergegeben werden:

f	*flott, ich schlafe, Frau, Foto*
v	*vier, naiv, Vater, vergessen, vorschlagen*
ph	*Philosophie, phantasieren*

w-Laut

Er kann durch zwei Buchstaben wiedergegeben werden:

w	*bewegen, Wiese*
v	*Vulkan, privat, Vase, nervös*

Tipp

Schlage im Zweifelsfall an mehreren Stellen im Wörterbuch nach
– unter *f* oder *v* oder *ph* oder unter *w* oder *v* –,
bis du auf das richtig geschriebene Wort stößt.

3.3 Wort-Regeln

Groß- und Kleinschreibung

Artikel-, Pluralprobe

Ein Wort, dem du			
▪ einen ▶ Artikel voranstellen kannst oder zu dem es	*Dieses Jahr fuhren wir ans Meer,*	→ **das** Meer, **die** Meere	▶ S. 100
▪ einen ▶ Plural gibt, ist ein **Nomen** und wird **großgeschrieben**.	*Vom Morgen bis zum Abend lagen wir am Strand.*	→ **dem** Morgen → **dem** Abend, **den** Abenden	▶ S. 99

3.2 Rechtschreibung und Zeichensetzung – Wort-Regeln

Groß schreibt man

■	Nomen mit Artikel.	*der Apfel, eine Stimme, das Pferd*
■	den Anfang von Sätzen.	*Der Apfel fällt nicht weit vom Stamm.*
■	Überschriften	*Einige Bemerkungen zur Großschreibung*
■	alle Wörter auf -heit, -keit, -nis, -tum, -schaft, -ung, -in, -ion	*Schönheit, Süßigkeit, Ereignis Eigentum, Gesellschaft Endung, Freundin, Stadion*

■	alle **Verben**, die zum Nomen werden (**nominalisiert**) durch	
	einen Artikel	*ein Lachen erfrischt, das Schimpfen macht hässlich*
	eine Präposition	*beim (bei dem) Klettern aufpassen, ins (in das) Träumen kommen*
	ein Pronomen	*Euer Schwätzen stört gewaltig!*
	eine Mengenangabe	*ein wenig Aufpassen wäre gut, viel Trinken ist gesund*
	ein Adjektiv	*lautes Schnarchen ist ätzend*
▶ S. 91	Mache die ▶ **Artikelprobe**, wenn du unsicher bist.	*euer/das Schwätzen, etwas/das Aufpassen, viel/das Trinken lautes/das Schnarchen*
■	alle **Adjektive**, die zum Nomen werden (**nominalisiert**) durch	
	einen Artikel	*das Gute dabei ist …, die Jüngste, ein Kluger*
	eine Präposition	*im (in dem) Allgemeinen, vom (von dem) Lernen*
	eine Mengenangabe	*etwas Schönes, nichts Neues, viele Alte*
▶ S. 91	Mache die ▶ **Artikelprobe**, wenn du unsicher bist.	*etwas/das/ein Schöne(s), viele/die Alte(n)*
▶ S. 19	■ die ▶ **Anredepronomen** für Personen, die du siezt. (Für Personen, die du duzt, ist Groß- und Kleinschreibung möglich.)	*Ich möchte Ihnen … Wollen Sie mich bitte … Wir haben Ihren Brief …* *Ich schreibe dir/Dir heute … Wir haben eure/Eure Nachricht …*

Mehrteilige Namen

- Die Bestandteile mehrgliedriger **Länder**-, **Straßen**- und anderer Namen werden im Allgemeinen **großgeschrieben**;
auch Ableitungen auf **-er**.

    die Vereinigten Emirate, Am Sonnigen Hang
    Im Alten Kirschgarten, das Rote Meer
    die Chinesische Mauer, die Französische Revolution

    das Ulmer Münster, ein Schweizer Käse
    die Leipziger Straßenbahn

- Andere feste Verbindungen haben manchmal Groß-, manchmal Kleinschreibung.

    ein gutes neues Jahr, der innere Monolog
    der italienische Rotwein, das schwarze/Schwarze Brett, das gelbe/Gelbe Trikot

- Schlage im Zweifelsfall im ▶ Wörterbuch nach! ▶ S. 86

Sprachbezeichnungen

- Die Wörter *deutsch, türkisch, italienisch, polnisch* usw. schreibt man als Adjektive **klein**.
Meist kann man sie mit **wie?** erfragen.

    *Können wir uns (**wie?**) polnisch unterhalten?*
    *Das Booklet ist (**wie?**) englisch geschrieben.*

- Die Sprachbezeichnungen *Deutsch, Spanisch, Russisch* im Sinne von „die deutsche/spanische/russische Sprache" schreibt man **groß**. Meist kann man sie mit **was?** erfragen.

    *Dein (**was?**) Italienisch ist fast perfekt.*
    *Ich lese seit einem halben Jahr (**was?**) Portugiesisch.*
    *Mit meinen Großeltern spreche ich (**was?**) Russisch, mit meinen Freunden (**was?**) Deutsch.*

    Groß schreibt man auch bei vorangehendem **auf** oder **in**.

    Kannst du das auf Französisch sagen?
    Der Katalog ist nur in Holländisch erschienen.

Farbwörter

- Die Farbwörter *blau, rot, gelb* usw. schreibt man als Adjektive **klein**.
Meist kann man sie mit **wie?** erfragen.

    *Deine Augen sind (**wie?**) blau.*
    *Die Tür ist (**wie?**) rot gestrichen.*
    *Der Himmel ist ganz (**wie?**) schwarz geworden.*

- Die Farbbezeichnungen *Blau, Rot, Grün* im Sinne von „die Farbe Blau" usw. wird **großgeschrieben**.
Meist kann man sie mit **was?** erfragen.

    *Meine Lieblingsfarbe ist (**was?**) Grün.*
    *Die Ampel zeigt (**was?**) Rot.*

    Groß schreibt man auch bei vorangehender Präposition (**in/mit/aus/auf/bei**).

    Die Ampel steht auf Rot.
    Ich kann aus Schwarz kein Weiß machen.

Getrennt- und Zusammenschreibung

Getrennt	
schreibt man z. B. folgende Verbindungen mit **Verben**:	
■ Nomen + Verb	*Rad fahren, Eis essen, Staub saugen*
■ Verb + Verb	*sitzen bleiben, liegen lassen, kennen lernen*
■ Adjektiv/Partizip + Verb	*tief schlafen, getrennt schreiben*
■ Wort + **sein**	*müde sein, zusammen sein, hier sein*

Zusammen	
schreibt man normalerweise	
■ Adjektiv/Verb + **Verb**, wenn die Verbindung eine ungewöhnliche Bedeutung hat (und **vorn** betont wird).	*schwarzfahren* „ohne Ticket fahren" *blaumachen* „schwänzen" *sitzenbleiben* „nicht versetzt werden"
■ Adverb/Präposition + **Verb** ■ vor allem dann, wenn vorn betont wird.	*zusammenfassen, aufeinanderprallen, entlanggehen, gegenübersitzen*
■ Adjektiv/Nomen + **Adjektiv**	*bitterkalt, dunkelgrün, bärenstark, stundenlang*

Tipp: Die Getrennt- und Zusammenschreibung gehört zu den schwierigsten Fällen der Rechtschreibung, womit auch geübte Schreiber/innen nicht selten Probleme haben. Es ist deshalb keine Schande, wenn du hier unsicher wirst. Schlage im ▶ Wörterbuch nach!

▶ S. 86

Fremdwörter

Fremdwörter sind aus fremden Sprachen übernommene Wörter. Meist erkennt man sie bereits an der Aussprache und an der Schreibung.

Herkunft	
■ aus dem **Griechischen** *th, ph, y, rh*	***Th**eater, A**th**let, sym**p**a**th**isch, **th**eoretisch* *Atmos**ph**äre, **Ph**ilosophie, **ph**ysikalisch* *S**y**stem, t**y**pisch, Z**y**linder, P**y**ramide, Äg**y**pten* ***rh**ythmisch, **Rh**euma, **rh**etorisch*

Herkunft

■ aus dem **Lateinischen** *-ieren, -(t)ion,* *-iv*	*diskutieren, reagieren, informieren* *Diskussion, Reaktion, Information* *aktiv, passiv, aggressiv, attraktiv*
■ aus dem **Englischen** *y, oo,* *ea, ing*	*Baby, Partys, Hobby, Publicity* *cool, Pool, Shampoo; Freak, Reader* *Mobbing, Recycling, Camping*
■ aus dem **Französischen** *eur/euse, ou, age*	*Friseur, Fritteuse, Amateur, Regisseur, Souffleuse* *Tour, Route; Garage, Plantage, Blamage*

Doppelschreibungen

sind typisch für viele Fremdwörter auf dem Weg aus der fremden Sprache in die deutsche. Beide Schreibweisen sind zulässig.	*Friseur/Frisör* *Photographie/Fotografie* *Club/Klub, Disco/Disko* *Thunfisch/Tunfisch*

Mehrteilige Fremdwörter

weisen unterschiedliche Schreibungen auf.
Oft gelten auch gleichberechtigte Doppelschreibungen.

■ Zusammenschreibung	*Sciencefiction, Brainstorming, Businessclass, Folksong, Poleposition, Layout, Happyend, Longdrink, Blackout, Shortstory*
■ Bindestrich-Schreibung	*Science-Fiction, Business-Class, Pole-Position, Black-out, T-Shirt, Lay-out*
■ Getrenntschreibung	*Happy End, Long Drink, Top Ten, Short Story*

Fremdwort – Grammatik

Fremdwörter bereiten öfter Probleme beim ▶ **Genus**,	*das/der Poster, das/der Joghurt, der/das Prospekt*	▶ S. 99
bei der ▶ **Deklination** der Nomen,	*des Magnets/Magneten, des Atlas/Atlasses*	▶ S. 100
bei der ▶ **Konjugation** der Verben.	*Ich bin ganz relaxed/relaxt.* *Bitte downloade das. / Bitte loade das down.*	▶ S. 103
Auch in diesen Zweifelsfällen hilft dir ein gutes ▶ Wörterbuch!		▶ S. 86

Tipp

Wegen der vielen Ausnahmen und Doppelformen bei Fremdwörtern:

- ■ Schlage zur Sicherheit lieber einmal zu viel als zu wenig im Wörterbuch nach.
- ■ Schlage unter der Grundform nach (*des Autors/des Autoren*? → **Autor**).
- ■ Schlage an verschiedenen Stellen nach (*Bissiness?* → *Bussiness?* → **Business** !)

3.4 Zeichensetzung

Das Komma

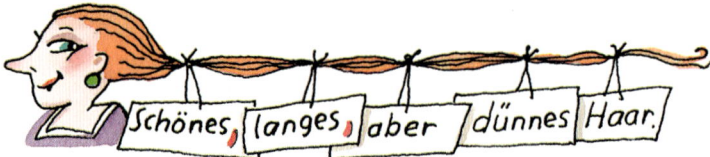

Aufgezählte Wörter und Sätze

▶ S. 111

- Zwischen aufgezählten **Wörtern** und **Wortgruppen** stehen Kommas; auch vor den Bindewörtern (▶ Konjunktionen) *aber, jedoch, sondern, doch* u. a.

  *Sie hat schönes, langes, **aber** dünnes Haar.*
  *Nachts reisen ist stressfrei, **jedoch** ermüdend.*

  Steht zwischen den Aufzählungen ***und*** oder ***oder***, entfällt das Komma.

  *Nachts reisen ist stressfrei **und** bequem.*
  *Meinetwegen kannst du bleiben **oder** gehen.*

▶ S. 115

- Zwischen aneinandergereihten selbstständigen Sätzen (▶ **Satzreihen**) stehen Kommas; auch vor Bindewörtern wie *aber, jedoch, sondern, denn*.

  Der Sturm tobte um das Haus, Blitze erhellten das dunkle Zimmer, Franz fuhr aus dem Schlaf.
  *Franz suchte Streichhölzer, **aber** er fand nur eine leere Schachtel.*
  *Er ging in sein Zimmer, **denn** dort hatte er eine Taschenlampe.*

  Steht zwischen den Sätzen ***und*** oder ***oder***, dann kann ein gliederndes Komma gesetzt werden oder fehlen.

  *Es klopfte an der Eingangstür(,) **und** ein Schlüssel drehte sich im Schloss(,) **oder** täuschte er sich?*

- Mehrere **Orts-** und **Zeitangaben** werden durch Kommas gegliedert; das letzte Komma ist freiwillig.

  In Stuttgart, am 6. August(,) findet um 14 Uhr wieder eine Demo statt.
  Der Kurs beginnt am Montag, dem 16.10., um 7.45 Uhr(,) in Raum 15.

Komma im Satzgefüge

▶ S. 116
▶ S. 111

- Satzgefüge, die neben einem selbstständigen (Haupt-)Satz einen abhängigen ▶ **Nebensatz** mit einleitendem Bindewort (▶ Konjunktion) enthalten, werden durch Kommas zwischen den beiden Teilsätzen gegliedert.

  *Man kann die Luftbläschen deutlich sehen, **wenn** das Wasser blau ist.*
  ***Wenn** das Wasser blau ist, kann man die Luftbläschen deutlich sehen.*
  *Man kann, **wenn** das Wasser blau ist, die Luftbläschen deutlich sehen.*

▶ S. 117

- Dieselbe Kommaregel gilt für den ▶ **Relativsatz**.

  *Hunde, **die** bellen, beißen nicht.*
  *Das ist ein Hund, **der** nicht beißt.*

▶ S. 117

- Verkürzte Nebensätze (ohne Konjunktion) mit ***zu* + Infinitiv** (▶ Infinitivsatz) werden durch Kommas zwischen den Teilsätzen gegliedert.

  *Ich möchte dieses Buch lesen, um mehr über Haie **zu erfahren**.*
  *Ich möchte, um mehr über Haie **zu erfahren**, dieses Buch lesen.*
  *Um mehr über Haie **zu erfahren**, möchte ich dieses Buch lesen.*

Die wörtliche (direkte) Rede

- Was jemand redet (und denkt), steht in **Anführungszeichen**; voraus geht ein **Doppelpunkt**.

  Er sagte kurz: „Red schon!"
  Mir ging durch den Kopf:
  „Was hat der gerade gesagt?"

- Steht der Begleitsatz **inmitten** oder **nach** der wörtlichen Rede, wird er durch **Komma(s)** abgetrennt.
  Dabei verliert ein Aussagesatz den **Schlusspunkt**.
  Fragezeichen und **Ausrufezeichen** bleiben stehen.

  *„Hilal", **fragte ich**, „hilfst du mir?"*

  *„Ich muss noch lernen", **antwortete sie**.*

  *„Wie lange denn noch?", **erwiderte ich**.*
  *„Stör mich jetzt nicht!", **rief sie**.*

Der Apostroph

Das Auslassungszeichen (der Apostroph, des Apostrophs, die Apostrophe) markiert ausgelassene Buchstaben.

Auslassung

- am Wortende

  Daran zweifl' ich nicht!
  Dazu hab' ich nichts weiter zu sagen.

- im Wortinneren
- am Wortanfang

  Jetzt aber g'nug!
  Geh schon 'nauf! Wie du 's willst.

Bei folgenden Auslassungen kann auf den Apostroph verzichtet werden:

- Verschmelzung von Präposition + Artikel

  aufs (= auf das), unters, hinters
  hinterm (= hinter dem), beim, vorm
  untern (= unter den), hintern, übern

- verkürztes *es*

  Nimms leicht! Gibs her!
  Wie gehts? Wenns weiter nichts ist ...

Namen

- Namen, die auf einen *s*-Laut enden, stehen im ▶ Genitiv mit Apostroph.

  Felix' Geburtstag fällt dieses Jahr auf einen Sonntag.
  Günter Grass' dicke Romane erschrecken mich.

  ▶ S. 100

- Zwischen Namen + **sch** steht ein Apostroph.

  die Grimm'schen Märchen,
  die Wohmann'schen Kurzgeschichten

- Das Genitiv -*s* in Namen steht **ohne** Apostroph.

  Ralphs neue Brille, Leipzigs Flughafen

4 Grammatik – Nachdenken über Sprache

4.1 Wortarten

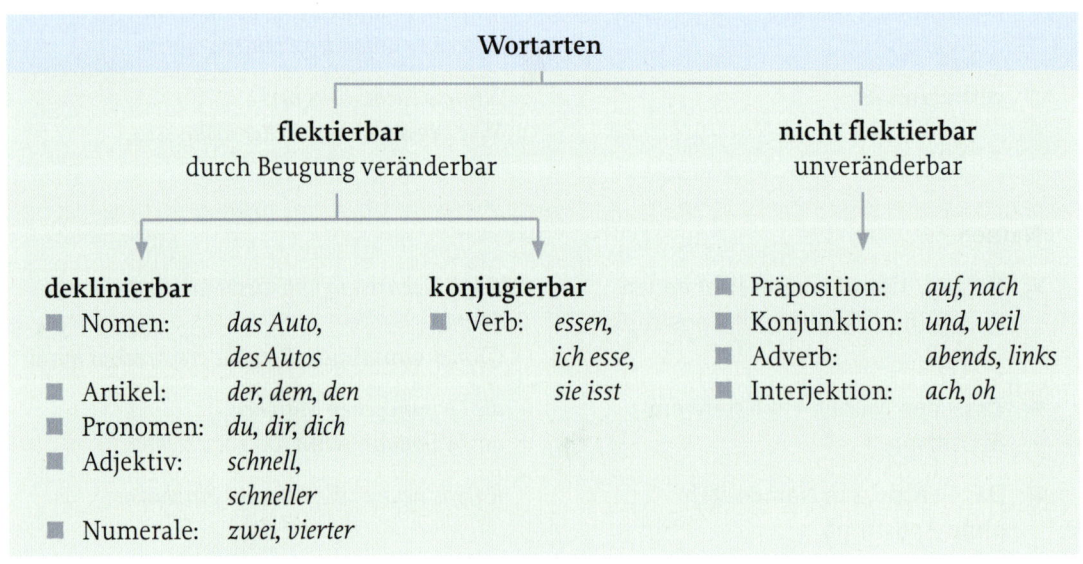

Nomen

Die meisten Wörter in unserer Sprache sind Nomen (*das Nomen*, Pl. *die Nomen*; auch *Substantiv, Hauptwort*). Nomen werden immer ▸ großgeschrieben.

▸ S. 91

Nomen bezeichnen	
■ Eigennamen und Personen	*Schüler, Lehrerin, Jan*
■ andere Lebewesen	*Delfin, Baum*
■ Gegenstände	*Schreibtisch, MP3-Player*
■ gedachte oder vorgestellte Dinge	*Traum, Freundschaft, Schönheit*

Jedes Nomen hat ein grammatisches Geschlecht das **Genus** (Pl. *die Genera*). Man erkennt es an an seinem Begleiter, dem ▸ Artikel.

▸ S. 100

Genus	
■ das **Maskulinum** (männlich)	**der** Löffel, **der** Mann
■ das **Femininum** (weiblich)	**die** Gabel, **die** Frau
■ das **Neutrum** (sächlich)	**das** Messer, **das** Kind

Das **grammatische** Geschlecht muss mit dem **natürlichen**, dem wirklichen Geschlecht nicht übereinstimmen: *das Mädchen* ist grammatisch ein Neutrum, in Wirklichkeit aber weiblich.
Es gibt einige Nomen, die nicht auf ein einziges Genus festgelegt sind, z. B. *der/das Meter, der/das Gummi, der/das Virus*.

Nomen haben in der Regel eine Anzahl, den **Numerus**.

Numerus	
■ **Einzahl** (Singular)	*das Kind*
■ **Mehrzahl** (Plural)	*die Kinder*
Einige Nomen haben	
■ keinen Singular	*die Leute, die Eltern, die Masern, die Ferien*
■ keinen Plural	*der Geiz, die Armut, der Hunger, die Wärme*

Im Satz nimmt das Nomen unterschiedliche Formen an, es steht in einem bestimmten Fall *(Kasus)*.
Dieser **Kasus** ist meist an der Endung und dem Begleiter des Nomens zu erkennen. Er kann mit bestimmten Fragen ermittelt werden.

Kasus		
■ **Nominativ** (1. Fall)	*Das Kind liest.*	*Wer/Was liest?*
■ **Genitiv** (2. Fall)	*Die Eltern des Kindes sind verreist.*	*Wessen Eltern …?*
■ **Dativ** (3. Fall)	*Ich bringe dem Kind ein Buch.*	*Wem bringe …?*
■ **Akkusativ** (4. Fall)	*Ich besuche das Kind.*	*Wen/Was besuche …?*

Wenn man ein Nomen in einem Satz im richtigen Kasus verwendet, nennt man das **deklinieren** (beugen).

Artikel

Der Artikel (Pl. *die Artikel*) ist der wichtigste Begleiter des Nomens, mit dem zusammen es die Form im Satz verändert. Man unterscheidet den **bestimmten** Artikel *(der, die, das)* und den **unbestimmten** Artikel *(ein, eine, ein)*.

		Maskulinum	Femininum	Neutrum
■ Singular	Nominativ	*der/ein* Tisch	*die/eine* Mütze	*das/ein* Brett
	Genitiv	*des/eines* Tischs	*der/einer* Mütze	*des/eines* Bretts
	Dativ	*dem/einem* Tisch	*der/einer* Mütze	*dem/einem* Brett
	Akkusativ	*den/einen* Tisch	*die/eine* Mütze	*das/ein* Brett
■ Plural	Nominativ		*die* Tische, Mützen, Bretter	
	Genitiv		*der* Tische, Mützen, Bretter	
	Dativ		*den* Tischen, Mützen, Brettern	
	Akkusativ		*die* Tische, Mützen, Bretter	

Adjektive

Adjektive (*Eigenschaftswörter*; Sg. *das Adjektiv*) beschreiben Personen, Tiere, Gegenstände genauer, nennen ihre Eigenschaften, geben an, wie sie sind (*ein **neues** Bett, das **schwarze** Halsband, mit **grünen** Augen*).

Adjektive lassen sich – bis auf Ausnahmen wie z. B. *einzig* oder *tot* – steigern.

Steigerung (Komparation)	
■ **Positiv** (Grundstufe)	*Sandra ist **jung**.*
■ **Komparativ** (Höhenstufe)	*Claudia ist **jünger** als (nicht: wie) Sandra.*
■ **Superlativ** (Höchststufe)	*Clara ist **am jüngsten**.*

Funktionen im Satz		
■ Ein Adjektiv kann als ▶ **Attribut** verwendet werden. Dann wird es zusammen mit seinem Bezugswort, meist einem Nomen, dekliniert.	*das **schnelle** Pferd* *mit **schnellen** Pferden*	▶ S. 114
■ Als ▶ **adverbiale Bestimmungen** ist das Adjektiv endungslos.	*Das Pferd läuft **schnell**.* *Die Pferde laufen **schnell**.*	▶ S. 113
■ Auch als ▶ **Prädikativ** ist das Adjektiv unveränderlich.	*Das Pferd ist **schnell**.* *Die Pferde sind **schnell**.*	▶ S. 112

Pronomen

Pronomen (Sg. *das Pronomen*; *Fürwörter*) vertreten oder begleiten Nomen.

Die zertanzten Schuhe

Es war einmal ein König, **der** hatte zwölf Töchter, **diese** immer schöner als die **andere**. **Sie** schliefen zusammen in einem Saal, in **welchem ihre** Betten standen, und abends, wenn **sie** darin lagen, schloss der König die Tür zu und verriegelte **sie**.

Wenn **er** aber am Morgen die Türe aufschloss, so sah **er**, dass **ihre** Schuhe zertanzt waren, und niemand konnte herausbringen, wie **dieses alles** zugegangen war. ...

Es gibt verschiedene ...

Arten von Pronomen	
■ **Personalpronomen** *(persönliche Fürwörter)* stehen stellvertretend für bestimmte Personen und Gegenstände.	*ich, du, er, sie, es, wir, ihr, sie* **Ich** *(= Peter) lade* **euch** *(= Ina, Marek, Yasmin) ein. Bring* **ihn** *(= den Müll) bitte raus.*
■ **Possessivpronomen** *(besitzanzeigende Fürwörter)* drücken einen Besitz oder eine Zugehörigkeit aus.	**mein/dein/sein** *Buch am Rande* **ihres** *Tellers*
■ **Reflexivpronomen** *(rückbezügliche Fürwörter)* beziehen sich auf das Subjekt des Satzes.	*Ich freue* **mich.** *Sie beeilt* **sich.** *Wir verstecken* **uns.**
■ **Demonstrativpronomen** *(hinweisende Fürwörter)* weisen auf jemanden oder etwas ausdrücklich hin.	**dieses** *Heft,* **jenes** *Buch,* **solche** *Zeitschriften*
■ **Indefinitpronomen** *(unbestimmte Fürwörter)* beziehen sich auf nicht näher bestimmte Personen und Dinge.	**Einige** *lesen gern.* **Manche** *wollen lieber spielen. Wir erfahren* **nichts** *Neues.*
■ **Interrogativpronomen** *(Fragefürwörter)* leiten Fragesätze ein.	**Wer** *hat das Buch gekauft?* **Welches** *Buch liest du?*
■ **Relativpronomen** leiten Nebensätze (▶ Relativsätze) ein und beziehen sich auf ein Wort des übergeordneten Teilsatzes.	*der, die, das; welcher, welche, welches Das Buch,* **das** *dort liegt, gehört mir. Die Frau, mit* **welcher** *ich sprach, war sehr nett.*

▶ S. 117

Bei der Verwendung von Pronomen muss man darauf achten, dass immer deutlich ist, worauf sie sich beziehen. Sonst kann es zu Missverständnissen kommen:

Die Zoobesucher freuten sich über die Affen. **Sie** *winkten* **ihnen** *zu.*

Wer winkt hier wem zu?

Besser: *Die Zoobesucher freuten sich über die Affen.* **Sie** *winkten* **den Tieren** *zu.*
Oder: *Die Zoobesucher freuten sich über die Affen.* **Die** *winkten* **den Besuchern** *zu.*

Verben

Verben *(das Verb; Tätigkeitswort)* geben an, was geschieht *(regnen)* oder was jemand tut *(gehen)*.

Verbformen

Verbformen, die nicht nach der Person/Zahl bestimmt sind, nennt man **infinit** (unbestimmt). Dazu gehören

- der **Infinitiv** — *gehen, denken, versuchen*
- das **Partizip I** — *gehend, denkend, versuchend*
- das **Partizip II** — *gegangen, gedacht, versucht*

Verben in Sätzen sind bestimmt (**finite Form**) nach

- **Person** (Personalform) — *ich laufe, du läufst*
- **Zahl** (Numerus) — *ich gebe, wir geben*

Setzt man Verben in die verschiedenen Personalformen, nennt man dies **konjugieren** (beugen).

Die Befehlsform des Verbs heißt **Imperativ**. Er kann an Einzelne oder an mehrere Personen gerichtet sein.

- **Imperativ Singular** — *Schreib(e)! Sprich!*
- **Imperativ Plural** — *Schreibt! Sprecht!*
- Die **Hilfsverben** *haben, sein, werden* helfen, Tempusformen und
  ▸ Passiv zu bilden.

  *Er **ist** gekommen.*
  *Sie **hat** es versprochen.*
  *Ich **werde** gerufen.* ▸ S. 105
- Die ▸ **Modalverben** *wollen, sollen, können, müssen, dürfen, mögen* verändern (modifizieren) die Bedeutung des Vollverbs, dem sie vorangehen.

  *Wir **können** schreiben.*
  *Wir **müssen** schreiben.* ▸ S. 109

Verben bilden verschiedene Zeitformen (*Tempora;* Sg. *das Tempus*).

Tempora

- Mit dem **Präsens** drücken wir aus, was im Augenblick geschieht.

  *Ich **nähe** gerade.*

  Im Präsens stehen auch allgemein gültige Aussagen.

  *Wer **wagt, gewinnt.***

  Man kann das Präsens auch (meist zusammen mit einer Zeitangabe) verwenden, um Zukünftiges auszudrücken.

  *Morgen **kommt** er zu Besuch.*

- Mit dem **Präteritum** drücken wir etwas Vergangenes aus; besonders in schriftlicher Sprache.

  *Er **wechselte** die Berufe öfter als das Hemd.*

4.1 Grammatik – Wortarten

- Mit dem **Perfekt** drücken wir etwas Vergangenes aus, das noch bis in die Gegenwart fortwirkt; besonders in mündlicher Sprache.

  *Wir **sind** voller Spannung **aufgebrochen**.*
  (Und sie hält immer noch an.)

- Mit dem **Plusquamperfekt** drücken wir etwas aus, was einem anderen vergangenen Ereignis noch vorausgeht.

  *Till Eulenspiegel **hatte** den Schneidern in Rostock einen Streich **gespielt**, bevor er nach Nürnberg ging.*

- Mit dem **Futur I** drücken wir etwas in der Zukunft Geschehendes oder vielleicht Geschehendes aus.

  *Ich **werde** dich **abholen**.*
  *Morgens **wirst** du dich besser **fühlen**.*

- Mit dem **Futur II** drücken wir aus, dass etwas in der Zukunft abgeschlossen sein wird.

  *Im Juni **werde** ich die Prüfung **bestanden haben**.*

Präsens	Präteritum	Perfekt	Plusquamperfekt	Futur I	Futur II
ich trage	ich trug	ich habe getragen	ich hatte getragen	ich werde tragen	ich werde getragen haben
du trägst	du trugst	du hast getragen	du hattest getragen	du wirst tragen	du wirst getragen haben
er/sie/es trägt	er/sie/es trug	er/sie/es hat getragen	er/sie/es hatte getragen	er/sie/es wird tragen	er/sie/es wird getragen haben
wir tragen	wir trugen	wir haben getragen	wir hatten getragen	wir werden tragen	wir werden getragen haben
ihr tragt	ihr trugt	ihr habt getragen	ihr hattet getragen	ihr werdet tragen	ihr werdet getragen haben
sie tragen	sie trugen	sie haben getragen	sie hatten getragen	sie werden tragen	sie werden getragen haben
ich reise	ich reiste	ich bin gereist	ich war gereist	ich werde reisen	ich werde gereist sein
du reist	du reistest	du bist gereist	du warst gereist	du wirst reisen	du wirst gereist sein
er/sie/es reist	er/sie/es reiste	er/sie/es ist gereist	er/sie/es war gereist	er/sie/es wird reisen	er/sie/es wird gereist sein
wir reisen	wir reisten	wir sind gereist	wir waren gereist	wir werden reisen	wir werden gereist sein
ihr reist	ihr reistet	ihr seid gereist	ihr wart gereist	ihr werdet reisen	ihr werdet gereist sein
sie reisen	sie reisten	sie sind gereist	sie waren gereist	sie werden reisen	sie werden gereist sein

Je nachdem, wie **Präteritum** und **Partizip II** gebildet werden, unterscheidet man **starke**, **schwache** und **gemischte** Verben.

	Infinitiv	Präteritum	Partizip II
schwache Verben Der *Stammvokal* ändert sich nicht; Präteritum auf *-te;* Partizip II auf *-t.*	*wandern*	*wanderte*	*gewandert*
	reden	*redete*	*geredet*
	spielen	*spielte*	*gespielt*
starke Verben Der *Stammvokal* ändert sich; Partizip II auf *-en.*	*helfen*	*half*	*geholfen*
	binden	*band*	*gebunden*
	reiten	*ritt*	*geritten*
gemischte Verben Der *Stammvokal* ändert sich; Präteritum auf *-te;* Partizip II auf *-t.*	*bringen*	*brachte*	*gebracht*
	denken	*dachte*	*gedacht*
	mögen	*mochte*	*gemocht*

Das **Aktiv** und das **Passiv** sind zwei Verbformen, mit denen man
- die Handelnde/n
- oder die Handlung

hervorheben kann.

der Handelnde   *die Handlung*

Aktiv	Passiv
*Der Fotograf **retuschiert** das Foto.*	*Das Foto **wird** retuschiert.*
Subjekt	Subjekt
Das ▶ Subjekt handelt.	Das ▶ Subjekt wird behandelt. ▶ S.113
Wichtig ist, **wer** handelt.	Wichtig ist, **was** geschieht.
*Der Fotograf retuschiert **das Foto**.*	***Das Foto** wird retuschiert.*
Subjekt Akkusativobjekt ⟶	Subjekt *(von dem/durch den Fotografen)*
Das Subjekt des Aktivsatzes wird ⟶	im Passivsatz ■ weggelassen („täterlos") oder ■ mit *von/durch* hinzugefügt („täterabgewandt").
Das ▶ Akkusativobjekt des Aktivsatzes ⟶	wird Subjekt im Passivsatz. ▶ S.113

▶ S.103 Ein Verb im Passiv kann dieselben ▶ Zeitformen bilden wie ein Verb im Aktiv.

	Aktiv	Passiv *werden* + Partizip II
■ Präsens	*Sonja sucht das Heft.*	*Das Heft wird (von Sonja) gesucht.*
■ Präteritum	*Sonja suchte das Heft.*	*Das Heft wurde (von Sonja) gesucht.*
■ Perfekt	*Sonja hat das Heft gesucht.*	*Das Heft ist (von Sonja) gesucht worden.*
■ Plusquamperfekt	*Sonja hatte das Heft gesucht, bevor sie ...*	*Das Heft war (von Sonja) gesucht worden, bevor ...*
■ Futur I	*Sonja wird das Heft suchen.*	*Das Heft wird (von Sonja) gesucht werden.*
■ Futur II	*Sonja wird das Heft gesucht haben, bevor sie ...*	*Das Heft wird (von Sonja) gesucht worden sein, bevor ...*

Vorgangspassiv *werden* + Partizip II	Zustandspassiv *sein* + Partizip II
Die Tür wird geschlossen.	*Die Tür ist geschlossen.*
Ein Vorgang, eine Handlung wird betont.	Der Zustand nach der Handlung wird betont.

Um ein Geschehen als
- wirklich
- möglich
- indirekt

wiederzugeben, stehen uns zwei Verbformen mit unterschiedlichem Geltungsgrad (der **Modus**) zur Verfügung: der **Indikativ** und der **Konjunktiv**.

Indikativ	Konjunktiv
Weil die Sonne scheint, fahren sie ins Freibad.	*Wenn die Sonne schiene, führen sie ins Freibad.*
Endlich sind Ferien!	*Wären doch schon Ferien!*
Sven: „Die Sonne scheint. Wir fahren ins Freibad."	*Sven sagt, dass die Sonne scheine und sie ins Freibad führen.*

- Im Indikativ steht, was **wirklich** ist.
- Im Konjunktiv steht, was **möglich** ist, **gewünscht** wird oder **indirekt** wiedergegeben wird.

Der Tabelle sind die Formen von Indikativ, Konjuktiv I und Konjuktiv II zu entnehmen:

Indikativ	Konjunktiv I	Konjunktiv II
ich habe	*ich habe*	*ich hätte*
du hast	*du habest*	*du hättest*
er/sie/es hat	*er/sie/es habe*	*er/sie/es hätte*
wir haben	*wir haben*	*wir hätten*
ihr habt	*ihr habet*	*ihr hättet*
sie haben	*sie haben*	*sie hätten*
ich bin	*ich sei*	*ich wäre*
du bist	*du sei(e)st*	*du wär(e)st*
er/sie/es ist	*er/sie/es sei*	*er/sie/es wäre*
wir sind	*wir seien*	*wir wären*
ihr seid	*ihr seiet*	*ihr wär(e)t*
sie sind	*sie seien*	*sie wären*
ich gehe	*ich gehe*	*ich ginge*
du gehst	*du gehest*	*du gingest*
er/sie/es geht	*er/sie/es gehe*	*er/sie/es ginge*
wir gehen	*wir gehen*	*wir gingen*
ihr geht	*ihr gehet*	*ihr ginget*
sie gehen	*sie gehen*	*sie gingen*
ich suche	*ich suche*	*ich suchte*
du suchst	*du suchest*	*du suchtest*
er/sie/es sucht	*er/sie/es suche*	*er/sie/es suchte*
wir suchen	*wir suchen*	*wir suchten*
ihr sucht	*ihr suchet*	*ihr suchtet*
sie suchen	*sie suchen*	*sie suchten*

- Der **Konjunktiv I** wird vom Infinitiv abgeleitet.
  Sein besonderes Kennzeichen: ein zusätzliches **Endungs**-*e*.
- Der **Konjunktiv II** hat häufig die Umlaute *ä, ö, ü*.
  Bisweilen unterscheidet er sich nicht vom Präteritum (wie im letzten Beispiel *suchen*).

Am häufigsten erscheint der Konjuktiv in der **indirekten Rede**:

Direkte Rede		Indirekte Rede	
Indikativ	Konjunktiv I	Konjunktiv II	*würde*-Ersatz
„Ich bin hungrig."	*Sie sagt, sie sei hungrig.* *..., dass sie hungrig sei.**		

Oft unterscheiden sich die Formen von **Indikativ** und **Konjunktiv I** nicht. Dann benutzt man den **Konjunktiv II** oder die Umschreibungen mit *würde*:

„Wir denken gar nicht daran."	*Sie sagen, sie denken gar nicht daran.*	*Sie sagen, sie dächten gar nicht daran.*	*Sie sagen, sie würden gar nicht daran denken.*

Indem man eine fremde Äußerung nicht im Indikativ wiedergibt, sondern im Konjunktiv, macht man deutlich, dass man keine Verantwortung für ihre Richtigkeit übernimmt:

„Ich habe die Wohnung um 5 Uhr verlassen."	*Er behauptet, er habe/hätte die Wohnung um 5 Uhr verlassen.*

* Steht die indirekte Rede in einem *dass*-Satz, kann auch der Indikativ verwendet werden: *Sie sagt, dass sie hungrig ist.*

Neben der indirekten Rede spielt der **Konjunktiv II** folgende Rollen:

Konjunktiv II	
Den Konjunktiv II kann man benutzen, um eine Aussage als ■ **unwirklich** (irreal) zu kennzeichnen, als nur vorgestellt.	*Ich wäre jetzt Polizist, und du müsstest ...* *Gäbe es einen dreizehnten Monat, ...* *Wenn ich Millionär wäre, kaufte ich mir eine Insel/würde ich mir ein Insel kaufen.*
Außerdem lässt sich mit dem Konjunktiv II ausdrücken ■ ein (**unerfüllbarer**) **Wunsch**, ■ eine **höfliche Aufforderung**, ■ ein **Zweifel**.	*Hätte ich das bloß nicht gesagt!* *Ich wollte, morgen wäre hitzefrei!* *Würden Sie bitte Platz machen?* *Hättest du das auch so entschieden?*

Die **Modalverben** *können, müssen, dürfen, wollen, mögen* treten zu anderen Verben und verändern („modifizieren") ihre Bedeutung und Satzstellung:

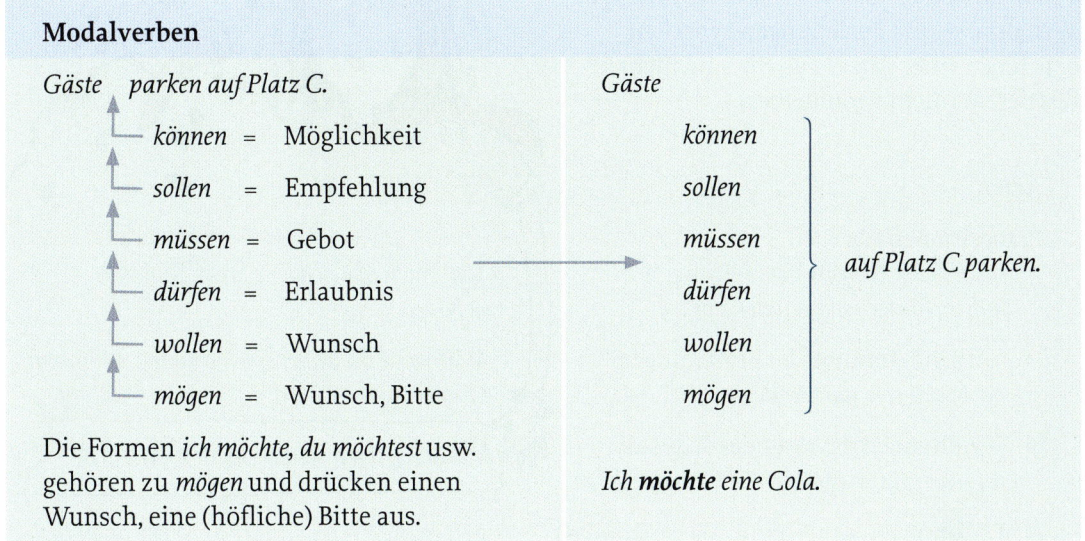

Adverbien

Adverbien (Sg. *das Adverb; Umstandswort*) kennzeichnen die Umstände eines Geschehens näher. Sie sind nicht flektierbar (nicht veränderbar).

Arten		
■ **temporale Adverbien** (Zeit)		*Dann bewegte sich **minutenlang** nichts mehr.* ***Bald** erschien die Polizei.*
Wann? Wie lange? Seit wann? Wie oft?		*jetzt, morgen, abends, nachts, nie, immer, neulich, bisher, nun, noch*
■ **lokale Adverbien** (Ort)		*Der Wagen bewegte sich nur noch schrittweise **vorwärts**.* *Einige Schauspieler warteten **draußen** auf die Weiterfahrt.*
Wo? Wohin? Woher?		*überall, oben, unten, dort, da, dahin, dazwischen, bergauf, links*
■ **modale Adverbien** (Art und Weise)		*Niemand steht **gern** im Stau. Die Schauspieler ärgerten sich **besonders**, weil die Kinder auf sie warten mussten.*
Wie? Auf welche Weise?		*beinahe, so, zusammen, sehr, völlig, größtenteils, vielleicht, allein*
■ **kausale Adverbien** (Grund)		***Ihretwegen** konnte die Vorstellung nicht beginnen.* ***Trotzdem** verloren sie nicht die Geduld.*
Warum? Weshalb? Wozu? Trotz wessen?		*daher, deshalb, deswegen, darum, gleichwohl, meinetwegen, sonst, spaßeshalber*

4.1 Grammatik – Wortarten

Präpositionen

Präpositionen (Sg. *die Präposition; Verhältniswort*) wie *in, auf, nach, vor* drücken Verhältnisse und Beziehungen zwischen den Teilen eines Satzes aus. Sie sind nicht flektierbar (nicht veränderbar).

Arten

Präpositionen für

- räumliche (**lokale**) Beziehungen
  auf, in, hinter, neben, unter, vor …

  Vor ihnen hat sich eine lange Schlange gebildet.

- zeitliche (**temporale**) Beziehungen
  nach, vor, seit, während, um …

  Während der Fahrt spielt Martha mit ihrem Gameboy.

- Beziehungen des Grundes (**kausal**)
  wegen, trotz, aufgrund/auf Grund, infolge …

  Alle schwitzen wegen der großen Hitze.

- Beziehungen der Art und Weise (**modal**)
  aus, unter, auf, in, mit …

  Mit großer Verspätung erreichten sie endlich ihr Ziel.

Präpositionen stehen vor allem vor Nomen und Pronomen.
▶ S. 100 Sie bestimmen ihren Fall (▶ Kasus):

Präpositionen mit

- dem **Akkusativ**
  durch, für, gegen, ohne, um …

  Die Fahrt geht durch den Wald.
  Wen/Was?

- dem **Dativ**
  aus, bei, nach, seit, von, zu …

  Endlich taucht aus der Dunkelheit Licht auf.
  Wem?

- dem **Genitiv**
  wegen, trotz, statt, anstelle/an Stelle …

  Wir fahren wegen des Regens vorsichtig.
  Wessen?

Manche Präpositionen können mit dem bestimmten Artikel des folgenden Nomens verschmelzen:

Präposition und Artikel

- an + das → ans — *Ich denke **ans** Einkaufen.*
- in + das → ins — *Sie geht **ins** Haus.*
- zu + der → zur — *Was meinst du **zur** Klassenarbeit?*
- von + dem → vom — *Er schwärmt **vom** Judo.*
- auf + das → aufs — *Geschickt steigt sie **aufs** Pferd.*

Konjunktionen

Konjunktionen (*Bindewörter;* Sg. *die Konjunktion*) verbinden Wörter, Satzteile und ganze Sätze miteinander.

Arten		
■ **nebenordnende Konjunktionen** Sie verbinden Wörter, Wortgruppen und selbstständige Sätze zu ▶ Satzreihen.	*Er schläft **und** träumt.* *Ich lese gern, **aber** sie geht lieber ins Kino.* *und, oder, aber, denn ...*	▶ S. 115
■ **unterordnende Konjunktionen** Sie verbinden über- und untergeordnete Sätze zu ▶ Satzgefügen.	*Ich lese gern, **weil** mich das entspannt.* *weil, da, obwohl, wenn, als, nachdem, dass ...*	▶ S. 115

4.2 Satzarten

Wir reden und schreiben meist in Sätzen. Je nach Redeabsicht unterscheiden wir folgende ...

Satzarten	
■ Der **Aussagesatz** hat das gebeugte Verb an zweiter (Satzglied-)Stelle und endet mit einem Punkt.	*Ich **gehe** baden.*
■ Der **Fragesatz** (Interrogativsatz) hat das gebeugte Verb bei der Entscheidungsfrage (Antwort: „Ja!" oder „Nein.") an der Spitze. Die **Ergänzungsfrage** (Antwort: eine Information) beginnt mit einem W-Fragewort. Der Fragesatz endet mit einem Fragezeichen.	***Gehst** du baden?* *****Wer** geht mit baden?*
■ Der **Aufforderungssatz** (Befehls-, Imperativsatz) beginnt mit dem gebeugten Verb und endet mit einem Ausrufezeichen.	***Bleib** hier!* ***Sucht** euch etwas aus!* ***Gehen** Sie nicht hinein!*

4.3 Satzglieder

Subjekt – Prädikat – Objekte

Martha schenkt ihrem Freund zum Geburtstag eine DVD.

Dieser Satz enthält mehrere **Satzglieder**.
Man ermittelt sie durch das Umstellen aller zusammengehörenden Satzteile:

Martha	schenkt	ihrem Freund	zum Geburtstag	eine DVD.
Ihrem Freund	schenkt	Martha	eine DVD	zum Geburtstag.
Zum Geburtstag	schenkt	Martha	ihrem Freund	eine DVD.

Als Kern des Satz gilt das gebeugte Verb, das so genannte ...

Prädikat	
Das gebeugte Verb kann ■ **einteilig** oder ■ **mehrteilig** sein.	*Martha **schenkt** ihrem Freund ...* *Martha **hat** ihrem Freund ... **geschenkt**.* *Martha **will** ihrem Freund ... **schenken**.*
Zum mehrteiligen Prädikat zählt auch ■ das **Prädikativ**, bestehend aus einem Nomen oder Adjektiv in Verbindung mit Verben wie *sein/werden/heißen/bleiben.*	*Martha **ist meine Freundin**.* *Martha **ist gescheit**.* *Ihr Vater **heißt Marek**.* *Er **wird Judomeister**.*

Mit Hilfe des Prädikats und einem ganzen bestimmten Fragewort lassen sich die verschiedenen Satzglieder erfragen (**Satzgliedfrage**) und bestimmen:

Subjekt und Objekte

- das **Subjekt** (Satzgegenstand)
  Wer + Prädikat ...?
  — Wer schenkt ...? — *Martha* schenkt ...

- das **Dativobjekt**
  Wem + Prädikat ...?
  — Wem schenkt ...? — *Martha schenkt **ihrem Freund** ...*

- das **Akkusativobjekt**
  Wen (Was) + Prädikat ...?
  — Was schenkt ...? — *Martha schenkt ... **eine DVD**.*

- das **Genitivobjekt**
  Wessen + Prädikat ...?
  — Wessen bedient sich ...? — *Martha bedient sich **ihres Handys**.*
  Genitivobjekte sind sehr selten.

- das **Präpositionalobjekt**
  Präposition + Prädikat ...?
  — An wen denkt ...? — *Martha denkt **an Michi**.*

Adverbiale Bestimmungen

Adverbiale Bestimmungen *(Umstandsbestimmungen)* sind Satzglieder, die über die besonderen Umstände eines Geschehens informieren.
Sie lassen sich mit bestimmten W-Fragewörtern ermitteln.

Adverbiale Bestimmungen

- der **Zeit** (temporal)
  Wann? Wie lange?
  *Wir treffen uns **am Montag**.*
  *Wir sind **eine halbe Stunde** unterwegs.*

- des **Ortes** (lokal)
  Wo? Wohin?
  *Wir treffen uns **in der Schule**.*
  *Dann gehen wir **ins Kino**.*

- des **Grundes** (kausal)
  Warum? Wozu?
  ***Wegen** des Regens bleiben wir hier.*
  ***Zum Geburtstag** schenkt sie ihm eine DVD.*

- der **Art und Weise** (modal)
  Wie?
  *Er bedankte sich **herzlich**.*

Attribute

Martha schenkt ihrem Freund eine DVD.

Dies ist ein vollständiger Aussagesatz. Aber man kann ihn noch „vollständiger" machen:

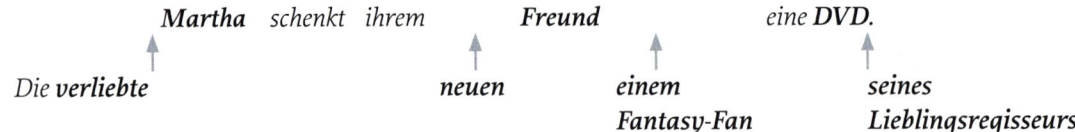

Solche Beifügungen zu einem Nomen heißen **Attribute** (Sg. *das Attribut*).
Sie sind nicht nötig in einem Satz, aber nützlich.
Sie können vor und nach ihrem Nomen stehen und haben verschiedene

Formen

■ **Adjektive, Partizipien**	*(die)* **verliebte** *Martha, der* **neue** *Freund*
■ **Nomen im Genitiv** (Genitivattribut)	*die DVD* **seines Lieblingsregisseurs**
■ **Apposition** Meist nachgestelltes Nomen im selben Fall (Kasus) wie das Bezugsnomen; durch Kommas abgetrennt.	*mein Freund,* **ein Fantasy-Fan**, … *meines Freundes,* **eines Fantasy-Fans**, … *meinem Freund,* **einem Fantasy-Fan**, … *meinen Freund,* **einen Fantasy-Fan**, …

Hier noch einmal der Satz von S. 112 mit seinen wichtigsten Satzgliedern:

Martha	*schenkt*	*ihrem Freund*	*zum Geburtstag*	*eine DVD.*
Wer?		Wem?	Warum?/Wozu?	Wen?/Was?
Subjekt	Prädikat	Dativobjekt	adverbiale Bestimmung	Akkusativ-objekt

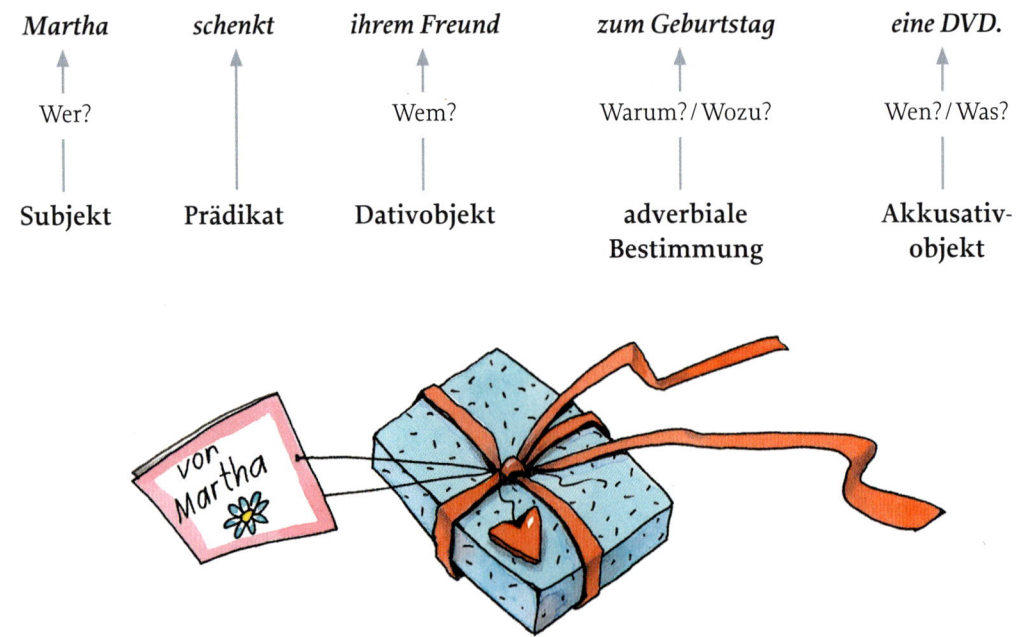

4.4 Zusammengesetzte Sätze

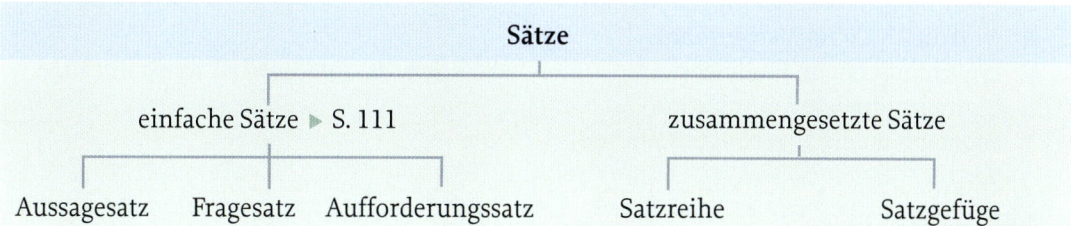

Satzreihe

Eine Satzreihe ist eine Verbindung aus mehreren unabhängigen (Haupt-)Sätzen.

Arten		
Im einen Fall werden die Hauptsätze unverbunden aneinandergereiht; nur durch **Kommas** gegliedert.	Mila schaltet **den** Fernseher an**,** der Film gefällt ihr nicht**,** sie zappt weiter.	
Im anderen Fall werden die Hauptsätze durch Bindewörter (▶ nebenordnende **Konjunktionen**) miteinander verbunden. Die Wortstellung ändert sich dadurch **nicht**; auch die Kommas zwischen den aneinandergereihten Sätzen bleiben (vor den Bindewörtern) ▶ in der Regel erhalten.	Mila schaltet den Fernseher an**, aber** der Film gefällt ihr nicht **[,] und** sie zappt weiter.	▶ S.111 ▶ S.96
und, oder, aber, denn, doch, sondern ...		

Satzgefüge

Ein Satzgefüge ist eine Verbindung aus (mindestens) einem unabhängigen (Haupt-)Satz und einem davon abhängigen (Neben-)Satz:

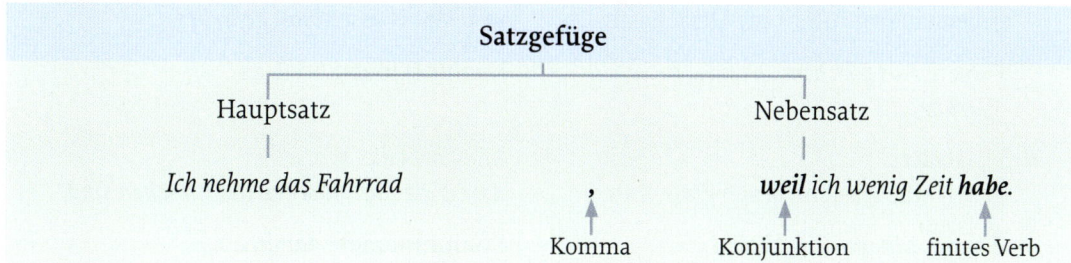

4.4 Grammatik – zusammengesetzte Sätze

Nebensatz-Merkmale

Der vom Hauptsatz abhängige Nebensatz
- wird durch Komma abgetrennt;
- beginnt mit einem Bindewort
  (▶ unterordnende Konjunktion);
- endet mit einem ▶ gebeugten (finiten) Verb.

▶ S. 111
▶ S. 103

*Ich nehme das Rad, **weil** ich wenig Zeit **habe**.*

Der Nebensatz kann
- dem Hauptsatz folgen;
- dem Hauptsatz vorangehen;
- in den Hauptsatz eingefügt sein.

Dabei ist auf ▶ das Komma/die beiden Kommas zwischen Haupt- und Nebensatz zu achten.

▶ S. 96

*Ich nehme das Rad, **weil ich wenig Zeit habe**.*
***Weil ich wenig Zeit habe**, nehme ich das Rad.*
*Ich nehme, **weil ich wenig Zeit habe**, das Rad.*

Hier folgen einige wichtige ...

Nebensatz-Arten

- **Temporalsätze**
  machen Zeitangaben.

  Man ermittelt sie mit Fragen wie
  Wann ...? Seit wann ...? Wie lange ...?

  ***Während die Flamme brennt**, steigt das Wasser im Glas.*

  Konjunktionen: *als, während, nachdem, seit, sobald ...*

- **Lokalsätze**
  geben Ort und Richtung an.

  Fragen: *Wo ...? Woher ...? Wohin ...?*

  ***Wo die Öffnung ist**, entweicht Luft.*

  Konjunktionen: *wo, woher, wohin, soweit ...*

- **Konditionalsätze**
  geben eine Bedingung an.

  Fragen: *Unter welcher Bedingung ...?*

  ***Wenn das Wasser blau ist**, kann man die Luftbläschen deutlich sehen.*

  Konjunktionen: *wenn, falls, sofern ...*

- **Konsekutivsätze**
  geben eine Folge, eine Wirkung an.

  Fragen: *Mit welcher Folge ...?*
  Mit welcher Wirkung ...?

  *Ich füge Tinte hinzu, **sodass das Wasser blau wird**.*

  Konjunktionen: *sodass, ohne dass ...*

- **Kausalsätze**
  geben einen Grund, eine Ursache an.

  Fragen: *Aus welchem Grund ...?*
  Warum ...?

  *Die Luftbläschen sind gut zu erkennen, **weil das Wasser blau gefärbt ist**.*

  Konjunktionen: *weil, da ...*

- **Finalsätze**
  geben eine Absicht, einen Zweck an.

  Fragen: *Mit welcher Absicht ...?*
  Zu welchem Zweck ...? Wozu ...?

  *Man färbt das Wasser, **damit die Luftbläschen gut zu sehen sind**.*

  Konjunktionen: *damit, ...*

Relativsätze

Ein Relativsatz ist ein Nebensatz, der von einem unmittelbar vorangehenden Nomen abhängt:

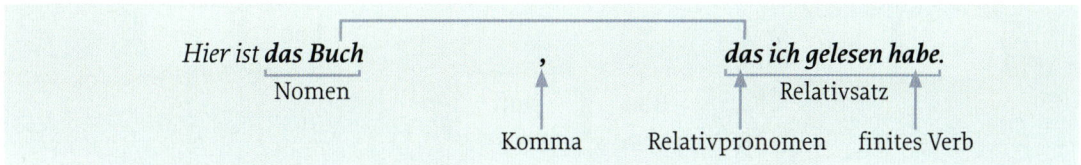

Relativsatz-Merkmale	
Der Relativsatz	
■ wird durch Komma abgetrennt;	*das Buch, **das ich lese***
■ beginnt mit einem gebeugten ▶ Relativpronomen, *(der, die, das; welcher, welche, welches)*;	*der Roman, **welchen ich mag***
■ endet mit einem gebeugten (finiten) Verb.	*der Stuhl, **auf dem ich sitze***
Der Relativsatz	
■ kann einen Satz beenden oder	*Hier ist das Buch, **welches ich gerade lese**.*
■ darin eingebettet sein (durch zwei Kommas abgetrennt).	*Das Buch, **in dem ich gerade lese**, ist sehr spannend.*

▶ S. 102

Infinitivsätze

Manche Nebensätze lassen sich verkürzen zu Wortgruppen mit **zu** + Infinitiv; man nennt sie **Infinitivsätze** *(satzwertige/erweiterte Infinitive)*.

Nebensatz	Infinitivsatz
*Er meint, **dass er den Regenwald gut kennt**.*	*Er meint, **den Regenwald gut zu kennen**.*
***Damit du den Test bestehst**, musst du dich vorbereiten.*	***Um den Test zu bestehen**, musst du dich vorbereiten.*
*Du gewinnst nicht, **ohne dass du trainierst**.*	*Du gewinnst nicht, ohne **zu trainieren**.*

Infinitivsätze werden wie Nebensätze mit ▶ Komma(s) abgetrennt.

▶ S. 96

4.5 Wortbildung

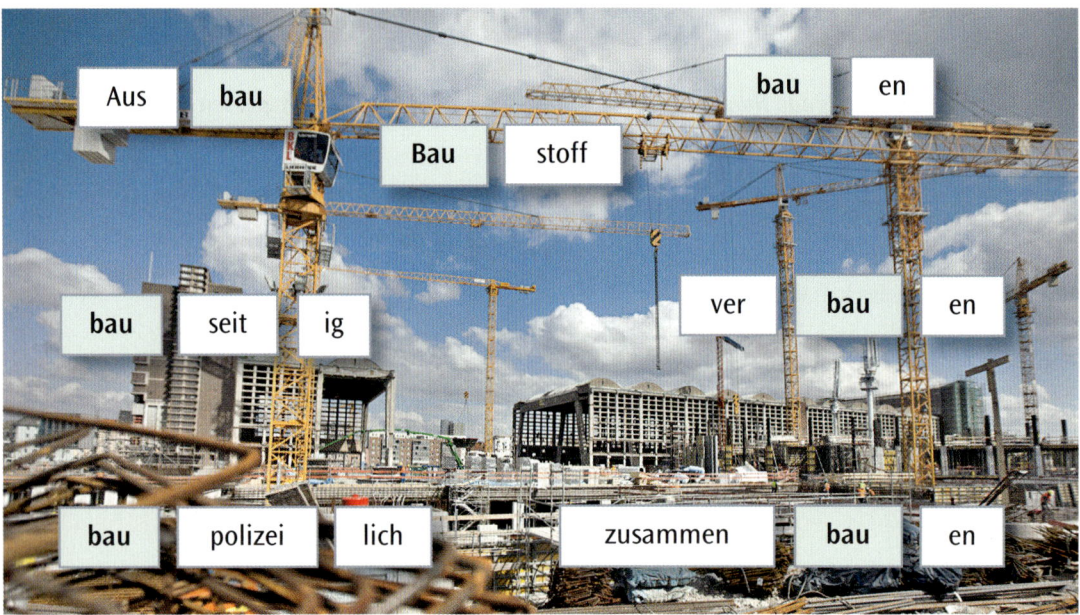

Die meisten Wörter im Deutschen sind aus verschiedenen Wortbausteinen zusammengesetzt. Nach der Art dieser Wortbausteine unterscheidet man **Zusammensetzungen** und **Ableitungen**.

Zusammensetzungen

Arten	
■ **zusammengesetzte Nomen** Das Nomen ganz rechts heißt **Grundwort**, das davor heißt **Bestimmungswort**.	*Bau|stoff, Straßen|bau,* *Straßen|bahn|bau, Schul|neu|bau*
■ **zusammengesetzte Verben** Das Grundwort ganz rechts ist ein Verb.	*zusammen|bauen, auf|bauen,* *ein|bauen, bau|sparen*
■ **zusammengesetzte Adjektive** Das Grundwort ganz rechts ist ein Adjektiv.	*riesen|groß, hell|blau,* *butter|weich, nass|kalt*

Ableitungen

Während Zusammensetzungen aus selbstständigen Wörtern bestehen, werden Ableitungen aus einem selbstständigen Wort(stamm) gebildet und
- unselbstständigen „Vorsilben", so genannten **Präfixen** (Sg. *das Präfix*),
- und „Nachsilben", so genannten **Suffixen** (Sg. das *Suffix*).

Arten

- **abgeleitete Nomen**
  Suffixe: *-er, -in, -ung, -schaft, -heit, -chen, -nis*

  Bau|er, Lehrer|in, Heiz|ung, Freund|schaft, Schön|heit, Häus|chen, Zeug|nis

- **abgeleitete Adjektive**
  Suffixe: *-isch, -sam, -bar, -lich, -haft, -ig*

  stürm|isch, lang|sam, bespiel|bar, fröh|lich, traum|haft, lust|ig

  Präfixe: *un-, ur-, miss-*

  un|schön, ur|alt, miss|trauisch

- **abgeleitete Verben**
  Präfixe: *be-, ver-, ent-, zer-, er-*

  be|bauen, ver|faulen, ent|scheiden, zer|brechen, er|leben

  Suffix: *-ieren*

  dikt|ieren, serv|ieren, not|ieren

Wortfamilie heißt eine Gruppe von Wörtern mit einem allen gemeinsamen Wort(stamm) im Zentrum und vielen Zusammensetzungen und Ableitungen:

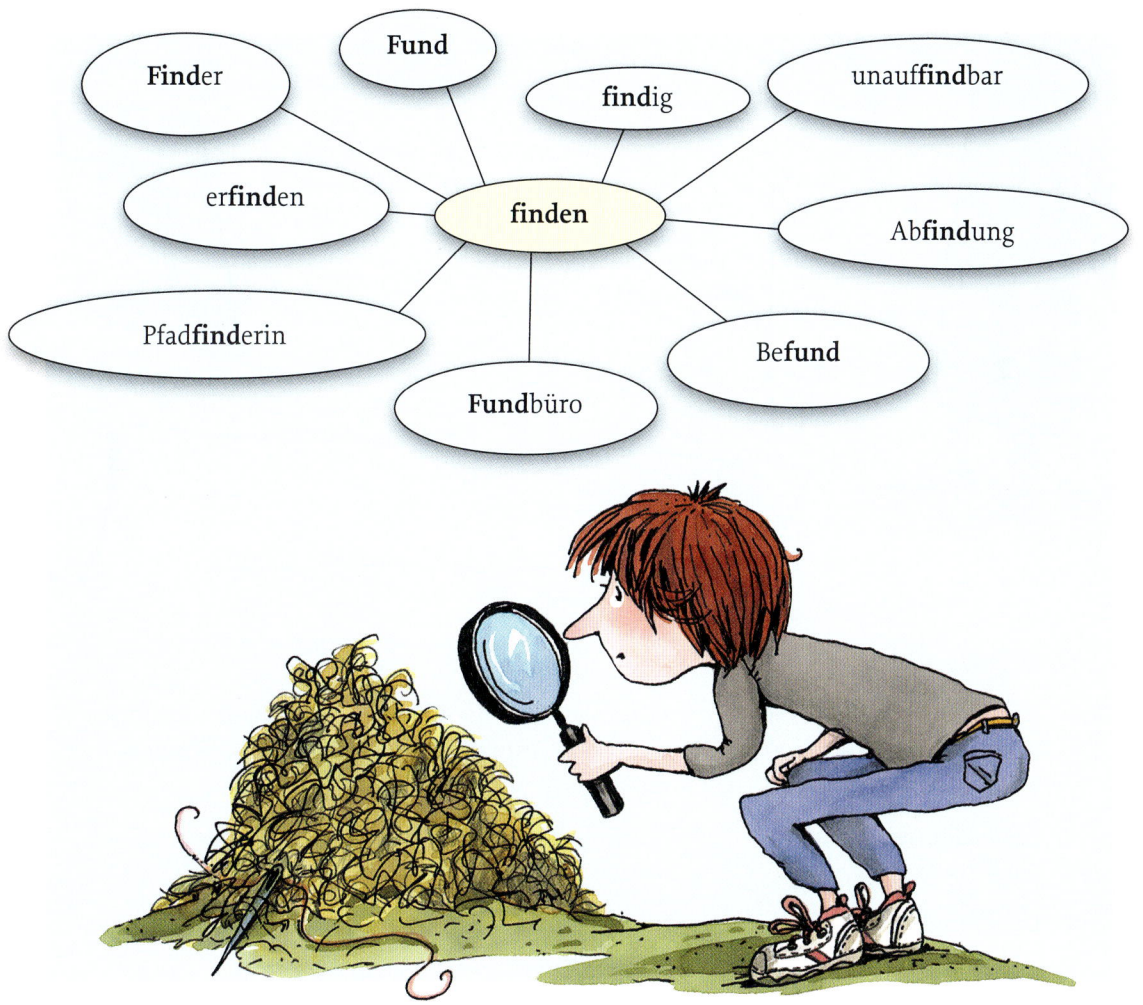

4.6 Wörter und ihre Bedeutungen

Wer wissen will, welche Bedeutung ein Wort hat, was es bezeichnet oder wie man es sinnvoll verwendet, kann in einem Wörterbuch nachschlagen:

Nachschlagewerke	
■ Das **Rechtschreibwörterbuch**	informiert über die Schreibung, die Beugung, über besondere Formen, Ableitungen und Zusammensetzungen eines Wortes.
■ Das **Bedeutungswörterbuch**	informiert zusätzlich über die Bedeutungen der Wörter.
■ Das **Fremdwörterbuch**	informiert über Schreibung und Bedeutung von Fremdwörtern.

Wortbedeutungen

Bedeutungsarten	
Manche Wörter habe neben ihrer allgemeinen **Grundbedeutung** noch einen positiven oder negativen „Klang", eine **Nebenbedeutung** (die „Konnotation"). Vorsicht vor Wörtern mit negativer Konnotation – sie können verletzen!	**Putzfrau** — **Reinigungskraft** Gemeinsame Grundbedeutung: „Person, die gegen Bezahlung Räume reinigt" „klingt negativ" Konnotation — „klingt positiv" Konnotation
Wörter mit (fast) gleicher Bedeutung heißen **Synonyme**.	*Fahrstuhl – Aufzug – Lift* *trödeln – bummeln* *müde – abgespannt – erschöpft*
Eine Gruppe von sinnverwandten Wörtern bildet ein **Wortfeld**.	*sagen – sprechen – rufen – meinen – behaupten – reden – antworten – erwidern ...*
Wörter mit mehreren Bedeutungen nennt man **Homonyme** (Sg. *das Homonym*).	*Die **Bank** knarrt.* *Die **Bank** schließt um 14 Uhr.* *Der **Hahn** tropft.* *Der **Hahn** kräht.*
Ein Wort, das einen Sachverhalt oder Vorgang beschönigt, ist ein **Euphemismus**.	*entschlafen* klingt schöner als *sterben* *Arbeitskräfte freisetzen* klingt nicht so hart wie *entlassen*

Bildlicher Sprachgebrauch

Bildlicher Sprachgebrauch begegnet uns häufig in Gedichten und Erzählungen, aber auch unsere Alltagssprache oder die Sportsprache ist voll sprachlicher Bilder.

Arten
Bei einem **Vergleich** wird Verschiedenes durch *wie* miteinander verknüpft und bekommt eine neue, oft überraschende Bedeutung: *Manche Menschen sind **wie** Schafe.*   *Er bewegt sich **wie** ein Fisch im Wasser.*   „dumm, einfallslos, angepasst"
Die **Metapher** verknüpft Verschiedenes noch enger als der Vergleich, weil das *wie* entfällt. Deshalb ist die neue Bedeutung oft besonders ungewöhnlich, auffällig: *Die Mannschaft **blüht auf** nach einer elend langen **Durststrecke**.*   „belebt sich"   „schlimme Zeit"   *Der Verkehr **fließt stockend** und **schläft ein**.*   *Vor mir stapelt sich **ein Berg** von Hausaufgaben.*
Die **Personifikation** vermenschlicht („personifiziert") Dinge und Vorgänge: *Die Stadt **erwacht**. – Der Mond **lächelt** vom Himmel. – Die steigenden Preise **verjagen** die Kunden.*

Umgang mit Begriffen

Manche sinnverwandte Wörter lassen sich ihrer Bedeutung nach nebeneinander anordnen, andere über- und unterordnen. Man spricht auch von **Ober**- und **Unterbegriffen**. Oberbegriffe haben sehr allgemeine Bedeutung, Unterbegriffe ganz besondere.

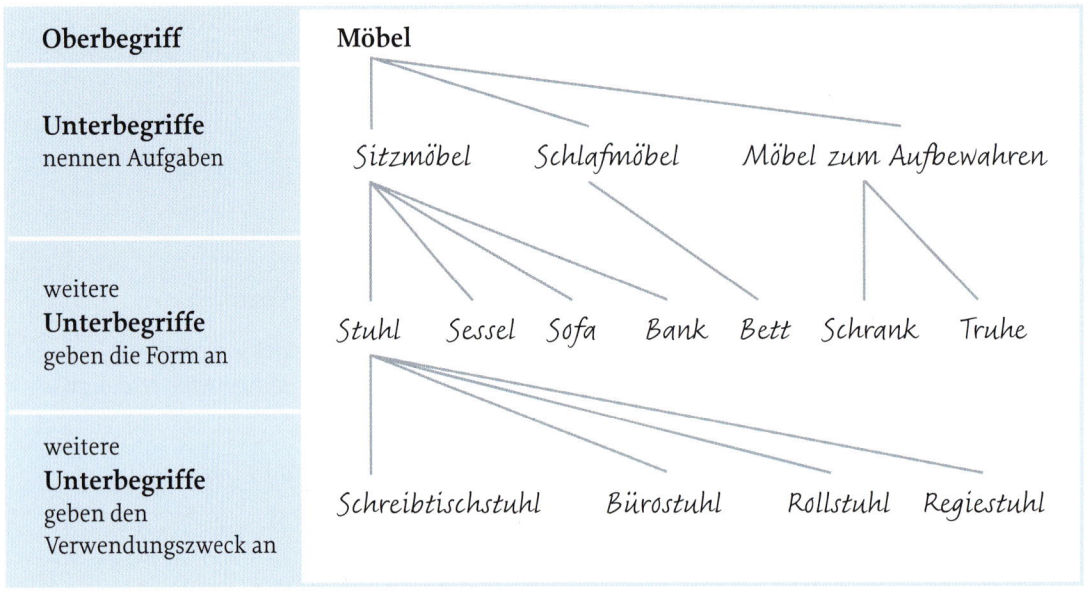

4.7 Gespräche untersuchen

Inhaltsebene und Beziehungsebene

Dialoge wie diese haben zwei ...

Gesprächsebenen		
Inhaltsebene mit Informationen, Fakten, Beobachtungen	*Lucy:* *Jo:*	Informiert über Einladung und Freund. Willigt ein, fragt nach dem Essen.
Beziehungsebene mit Absichten, Erwartungen, Wünschen	*Lucy:* *Jo:*	Hofft auf gute Aufnahme des Freundes. Zeigt geringes Interesse an dem Freund.

Um ein Gespräch wirklich zu verstehen, muss man **beide** Ebenen untersuchen.

Gesprächsanalyse

Bei der Untersuchung eines Gesprächs sind u. a. folgende Faktoren wichtig:

Gesprächsfaktoren	
Gesprächsinhalte	Um welche/s Thema/Themen geht es? Welche Absichten, Ziele werden verfolgt?
Gesprächsverhalten sprachlich **(verbal)**	Stil: Satzbau; wie wird geredet: salopp, umgangssprachlich, jugendsprachlich
	viel/wenig reden (aktiv/passiv); unterbrechen ... laut oder leise; langsam oder schnell
nicht sprachlich **(nonverbal)**	Körpersprache: Gesichtsausdruck, Bewegungen
Gesprächspartner/in	Wie viele? Alter, Rolle, Position, Beruf? Ihr Verhältnis: gleichberechtigt oder nicht?

4.7 Grammatik – Gespräche untersuchen

Will man das **Gesprächsverhalten** untersuchen, lohnt es sich, auf Folgendes zu achten:

Wortwahl	
■ **Fremdwörter, Fachwörter, Anglizismen** Sind sie verständlich, sind sie nötig?	*Exposition, definitiv, Service-Point, Meeting*
■ **Schlagwörter, Klischees** Werden sie begründet?	*Terrorismus Muslime sind … Alle Frauen haben … Freiheit statt Sozialismus!*
■ **Sprachlich korrekt oder abwertend?**	*Softi, Weichei Penner* oder *sozial Benachteiligter? alle Schüler* oder *Schülerinnen und Schüler? Asylanten* oder *Asyl Suchende?*
■ **Euphemismen** Beschönigt, verharmlost das Wort etwas?	*Störfall* oder *Unfall Arbeitskräfte freisetzen* oder *entlassen*
■ **Sprachvarianten** Ist die Sprechweise für das Thema, für die Situation, für die Gesprächspartner/innen angemessen?	Standardsprache (Hochsprache), Umgangssprache, Dialekt, Jugendsprache

4.8 Sprachvarianten

Die **Standardsprache** (Hoch-/Schriftsprache) ist die allgemein verbindliche Form einer Sprache, wie sie in der Öffentlichkeit – vor allem in den Medien – geschrieben und gesprochen wird.

▶ S. 4 Der alltägliche ▶ mündliche Sprachgebrauch – die **Umgangssprache** – orientiert sich an der Standardsprache, wendet deren Regeln und Normen aber nicht streng an. Typisch für die Umgangssprache sind kurze und einfache, oft auch unvollständige Sätze.

Folgende Formen oder Varianten der deutschen Sprache lassen sich unterscheiden:

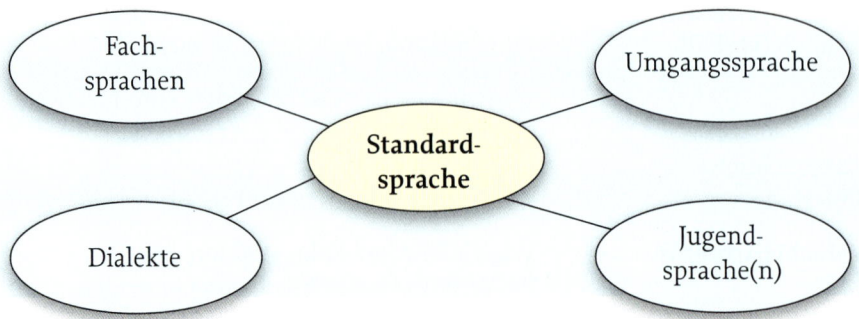

Sprachvarianten

■ **Dialekte** (Mundarten) werden in bestimmten Landschaften gesprochen (kaum geschrieben): Bayern, Sachsen, Schwaben, Rheinland-Pfalz, Hessen ...	*Et kütt, wie et kütt.* *Wat fot is, is fot.* *A bissle isch emmer no besser wia gar nix.*
■ **Fachsprachen** sind typisch für bestimmte Berufe, Wissenschaften und Aktionsbereiche wie z. B. der Sport. Ihr Wortschatz (Fachwörter) enthält viele Fremdwörter und Abkürzungen.	*Foul, Bodycheck* *EDV, PC, Hauptplatine, Byte* *Diagnose, kontaminieren* *Sonate, Präludium, F-Dur* *Kurzgeschichte, Ballade, konjugieren* *Drehzahl, galvanisieren*

Jugendsprache(n)

Die Jugendkultur setzt sich aus einer Vielfalt von „Szenen" zusammen; Gruppen, in denen sich Jugendliche mit ähnlichen Interessen und Wertvorstellungen zusammenfinden. Sie teilen Konsumgewohnheiten, Kleidermoden, Musikvorlieben, Freizeitaktivitäten, Kommunikationsformen usw.

Zwar unterscheiden sich die verschiedenen Szenejargons vor allem im Wortschatz, dennoch gibt es einige allgemeine ...

Merkmale	
■ Fremdwörter vor allem aus dem Englischen/Amerikanischen **(Anglizismen)**	*Connections, powern, chillen*
■ bildhafte Ausdrucksweise	*Lungenbrötchen, keinen Bock haben, die Nacht durchsumpfen*
■ drastische, vulgäre Ausdrücke	*Fick dich! Shit! Tussi, Schnecke, Macker*
■ gefühlsgeladene verstärkende Wörter	*cool, geil, fett, krass*
■ Veränderungen (Vereinfachungen) in Satzbau, Grammatik und Rechtschreibung	*Lassma Hermannplatz aussteign.* *Dem alte Tuss hat in sein Spiegeln guckt.*
■ Neubildungen, oft zweisprachig	*Schneckenchecker, abzicken, aufbitchen*

4.9 Sprachwandel

Hier ein Auszug aus dem erfolgreichsten Buch des ▸ berühmtesten Dichters in Deutschland:

▸ S.63

Die Leiden des jungen Werthers

Johann Wolfgang Goethe

Unsere jungen Leute hatten einen Ball auf dem Lande angestellt, zu dem ich mich denn auch willig finden ließ. Ich bot einem hiesigen, guten, schönen, weiters unbedeutenden Mädchen die Hand und es wurde ausgemacht, dass ich eine Kutsche nehmen, mit meiner Tänzerin und ihrer Base nach dem Orte der Lustbarkeit hinausfahren und auf dem Wege Charlotten S. mitnehmen sollte. „Sie werden ein schönes Frauenzimmer kennen lernen", sagte meine Gesellschafterin, da wir durch den weiten, schön ausgehauenen Wald nach dem Jagdhause fuhren. „Nehmen Sie sich in Acht", versetzte die Base, „dass Sie sich nicht verlieben!"

Die Sonne war noch eine Viertelstunde vom Gebürge, als wir vor dem Hofthore anfuhren, es war sehr schwühle und die Frauenzimmer äusserten ihre Besorgniß wegen eines Gewitters, das sich in weisgrauen dumpfigen Wölkchen rings am Horizonte zusammen zu ziehen schien. Ich täuschte ihre Furcht mit anmaßlicher Wetterkunde, ob mir gleich selbst zu ahnden anfieng, unsere Lustbarkeit werde einen Stoß leiden.

Ich war ausgestiegen. Und eine Magd, die ans Tor kam, bat uns einen Augenblick zu verziehen, Mamsell Lottchen würde gleich kommen. Ich ging durch den Hof nach dem wohl gebauten Hause, und da ich die vorliegenden Treppen hinaufgestiegen war und in die Türe trat, fiel mir das reizendste Schauspiel in die Augen, das ich jemals gesehen habe.

Der schmale Briefroman ist sofort ins Französische, Englische und Italienische übersetzt worden. Napoleon soll ihn sieben Mal gelesen haben. Die damaligen Leserinnen und Leser kleideten sich wie „Mamsell Lottchen" und wie Werther und manche haben sich wie er erschossen!

Und so äußerte sich jemand über den „Werther" im Jahr seines Erscheinens:

> Da sitz ich mit zerflossnem Herzen, mit klopfender Brust und mit Augen, aus welchen wollüstiger Schmerz tröpfelt, und sag Dir, Leser, dass ich eben *Die Leiden des jungen Werthers* von meinem lieben **Goethe** – gelesen? – nein, verschlungen habe.
>
> (Ch. D. Schubart, 5. 12. 1774)

Dass wir heute diese Begeisterung nicht mehr ohne Weiteres teilen können, hängt damit zusammen, dass seit dem Erscheinen des „Werthers" 1774 über 200 Jahre vergangen sind. Seitdem hat sich die deutsche Sprache gewandelt, und das erschwert das Verstehen älterer Texte.

Sprachwandel	
■ in der Rechtschreibung	*Hofthor, schwühle, äussern, Besorgniß* *weisgrau, zusammen zu ziehen* *anfieng, den zweyten Plaz*
■ bei der Aussprache	*Gebürge, ahnden, Hülfe, (Schreib-)Dinte* *sie kömmt, jezzo (= jetzt)* *das Thiergen im Stall*
■ Wörter kommen außer Gebrauch, veralten	*Base, Lustbarkeit, Frauenzimmer* *dumpfig, anmaßlich, Magd, Mamsell* *in die Türe treten*
■ Wörter bekommen eine andere Bedeutung	*einen Ball anstellen* (Z. 1 f.) *sich finden lassen* (Z. 2) *unbedeutend* (Z. 3 f.) *versetzen* (Z. 11) *ob* (Z. 17) *einen Stoß leiden* (Z. 19) *verziehen* (Z. 21) *vorliegend* (Z. 23)

Um solche Veränderungen in der Sprache und bei älteren Texten zu verstehen, helfen ausführliche ▶ **Bedeutungswörterbücher** und so genannte „**Herkunftswörterbücher**" (etymologische Wörterbücher).   ▶ S. 120

5 Arbeitstechniken und Methoden

Wo arbeitest du für die Schule?

5.1 Von Heften und Hausaufgaben

Hausaufgaben

- am richtigen **Arbeitsplatz**

  Du solltest einen festen Platz haben, an dem du täglich ungestört arbeiten kannst.
  Stelle deinen Schreibtisch an einen hellen, gut beleuchteten Ort. Er ist groß genug für deine Arbeitsmittel (Uhr, Schreibmaterial, Hefte, (Schmier-)Papier, Schulbücher, Nachschlagewerke, PC ...)? Verbanne alles, was dich vom Lernen und Arbeiten ablenkt.

- mit ordentlichen **Heften**

  Führe regelmäßig ein **Hausaufgabenheft**.
  Das ist ein bewährtes Mittel gegen Vergesslichkeit.
  Du kannst die Aufgaben unter dem Tag eintragen,
  an dem ihr sie aufbekommt; besser vielleicht unter dem Tag,
  für den ihr sie aufbekommt.
  Notiere zu jedem Hefteintrag das **Datum**. Lass einen **Rand** frei.
  Gliedere deine Einträge durch **Überschriften** und **Absätze**.
  Markiere wichtige Wörter und Sätze farbig.
  Schreibe **deutlich**, nicht zu klein, Zeile für Zeile und nicht zu eng.

▪ gut **organisiert**	Lege nach dem Mittagessen eine Erholungspause ein. Mache deine Hausaufgaben möglichst zu festen Zeiten (am besten zwischen 15 und 18 Uhr; nicht in den Abendstunden). Bevor du eine schwierige, umfangreiche Aufgabe in Angriff nimmst, sieh sie dir einen Tag vorher nur einmal kurz an. Das „stimmt dich ein", nimmt dir die Angst und erleichtert dir den Arbeitsbeginn. Überlege dir eine sinnvolle Reihenfolge für die Hausaufgaben; z. B.: Nach **leicht – schwierig** sortieren: das Leichte zuerst erledigen und dann die schwierigen Aufgaben lösen – oder umgekehrt. Nach der **Wichtigkeit** vorgehen: Was muss schon morgen fertig sein, was musst du erst bis übermorgen oder nächste Woche erledigen? – Beginn mit dem Wichtigsten. **Mündliche** und **schriftliche** Aufgaben abwechseln; sprachliche und naturwissenschaftliche! Zwischendurch kleine Pause einlegen, lüften ...

5.2 Von Klassenarbeiten, Lerntagebüchern und Aufgabentypen

Klassenarbeiten werden über den Stoff der letzten Unterrichtswochen geschrieben. Um ausreichend Zeit für die Vorbereitung zu haben, kläre **mehrere Tage** vor dem Termin folgende **Grundfragen**:

- Was war das **Thema**, um welche **Inhalte** ging es in den letzten Unterrichtsstunden?
- Mache eine Stoffsammlung in Stichpunkten.
- Was hast du dazu in dein Heft eingetragen?
- Welche Arbeitsblätter hast du bearbeitet?
- Hast du ein ▶ **Lerntagebuch** zu dem Unterrichtsthema geführt?   ▶ S. 131
- Bringe den gesamten Lernstoff für die Klassenarbeit in eine gegliederte (nummerierte) Reihenfolge von Überschriften, Haupt- und Nebenbegriffen.
  (Du kannst auch ein ▶ Cluster oder eine ▶ Mind-Map anlegen.)   ▶ S. 137

Terminkalender

- Überlege dir, wie viele Stunden/Tage du ungefähr brauchst, um dich auf diesen ganzen Klassenarbeitsstoff vorzubereiten.
- Teile dir die Tage vor der Klassenarbeit ein:
  Was lernst und wiederholst du an welchem Tag?

Vorbereitungen

- Notiere (auf Karteikarten) die wichtigsten Gegenstände, Ereignisse und Begriffe, die nach deiner Meinung in der Klassenarbeit eine Rolle spielen werden:
- Was bedeuten sie, welche Rolle spielen sie, wie hängen sie zusammen?
- Recherchiere dazu in deinem (Schul-)Heft, in (Schul-)Büchern, Lexika, im Internet ...
- Versuche alle zusammengetragenen Informationen geordnet auf einem Stichwortblatt/-zettel zusammenzutragen.
- Berichte jemandem vom Thema/Gegenstand der Klassenarbeit. Lass dir Fragen dazu stellen. Versuche sie zu beantworten.

Während der Klassenarbeit

Hier ein paar nützliche Tipps:

Tipps

1. Optimistisch bleiben!
   Du hast dich gut vorbereitet und weißt, dass du den Stoff beherrschst.
   Lass dich von niemandem nervös machen.
2. Du hast alle Arbeitsmaterialien griffbereit.
3. Bevor du anfängst, liest du erst einmal alle Aufgaben vollständig und in Ruhe durch.
4. Unklarheiten bringst du bei der/dem Lehrer/in gleich zur Sprache.
5. Beginne mit einer leichten Aufgabe und hake sie zum Schluss als gelöst ab.
6. Nach jeweils zehn Minuten mache eine 1-Minuten-Pause.
7. Wenn du stecken bleibst, gehe die Aufgabe noch einmal konzentriert durch.
   Stolperst du wieder, stelle die Aufgabe zurück und probiere sie später noch einmal. – *Nicht festbeißen! Cool bleiben!*
8. *„Noch 15 Minuten ..."* Entscheide ruhig, was du noch erledigen kannst und was du jetzt (leider!) beiseitelassen musst.
9. Bleibt dir Zeit, lies alles noch einmal prüfend durch.
10. Nur noch bei echten Fehlern eingreifen!
    Für Zweifel ist keine Zeit mehr.

Nach der Klassenarbeit

Nach der Klassenarbeit ist vor der *nächsten* Klassenarbeit.
Deshalb: Lern aus deinen Schwächen und Fehlern!

	Lernstoff beherrscht	Aufgaben verstanden	Text(e) verstanden	Arbeit gegliedert	Rechtschreibung	Zeichensetzung	Grammatik	Satzbau
KA, 3. Mai								
KA, ...								

- Klebe eine solche Tabelle hinten in dein Deutschheft.
- Fülle die Spalten nach jeder Klassenarbeit (KA) aus.
- Gehe gegen deine Schwächen vor!

Eine nützliche Arbeitstechnik zur Vorbereitung einer Klassenarbeit ist ein **Lerntagebuch**. Das ist ein Heft oder Ordner, worin du – wie in einem Tagebuch – mit Datumsangabe festhalten kannst, welche positiven oder negativen Erfahrungen du bei deinen Vorbereitungen für eine Klassenarbeit machst; z. B.:

Thema: _____   6.9.20XX

Das habe ich bisher gelernt:
- ☐ Leg einen „Spickzettel" mit den wichtigen Lern(zwischen)ergebnissen an.
- ☐ Schreib Regeln auf oder eine „Eselsbrücke".
- ☐ Fertige ein Schaubild oder eine Zeichnung an.

So habe ich es gelernt:
- ☐ Mit welchen Materialien/Medien lernst du?
- ☐ Wie nützlich sind sie?
- ☐ Halte die wichtigsten Lernschritte fest.
- ☐ Beachte dabei die Reihenfolge: Zuerst – dann – anschließend

Das habe ich noch nicht verstanden:
- ☐ Schreib so genau wie möglich deine Probleme mit dem Lernstoff auf.
- ☐ Formuliere Fragen, die du noch hast.
- ☐ Notiere unklare Begriffe (und kläre sie).

Das bleibt noch zu erledigen:
- ☐ Überlege Lösungsmöglichkeiten für deine Lernprobleme.
- ☐ Notiere, bei wem, wie oder wo Hilfe zu finden ist.

Die Aufgaben in bestimmten Klassenarbeiten können ganz unterschiedlich sein. Es gibt aber einige Arten (Typen) von Aufgaben, die immer wieder vorkommen und die man deshalb trainieren kann. Hier fünf ...

Aufgabentypen

■ **Multiple-Choice-Aufgabe** („Auswahlaufgabe")

Sie bietet mehrere Antworten/Lösungen, von denen in der Regel nur **eine** richtig ist.

Warum befindet sich Eric in der Agentur?
- ☐ Eric ist der hübschen Zoë gefolgt und will sie kennen lernen.
- ☐ Eric ist nach mehreren Tagen der Rumtreiberei zufällig dort gelandet.
- ☐ Eric möchte sich als Model bei der Agentur vorstellen.
- ☐ Eric produziert eine Zeitschrift und sucht geeignete Models.

Nur eine der vier Antworten ist richtig: welche?

Aufgabentypen

- Bei einer **Richtig-Falsch-Aufgabe** musst du entscheiden, welche von mehreren vorgegebenen Antworten richtig oder falsch sind.

	Richtig	Falsch
☐ Zoë liest das Buch eines italienischen Autors.	☐	☐
☐ Eric kommt sich vor wie unter Schimpansen im Zoo.	☐	☐
☐ Die männlichen Models erregen Aufsehen in der Agentur.	☐	☐
☐ Eric ist von Shakespeare begeistert.	☐	☐

Vergleiche diese Aussagen mit der Kurzgeschichte und kreuze **Richtig** oder **Falsch** an.

- Bei einer **Zuordnungs-Aufgabe** („Matching-Aufgabe") musst du aus einer Menge von Wörtern, Satzteilen oder Sätzen passende Paare bilden.

A Die Wissenschaftler Pedersen und Markes errechneten, ...	1 ... dass Barbie schmerzende Füße hätte und ihr ein Bandscheibenvorfall drohte.
B Der Orthopäde kommt zu dem Schluss, ...	2 ... weil sie viel zu dünn ist und daher ist Körper zu wenige Hormone bildet.
C Der Internist diagnostiziert Atemnot, ...	3 ... dass ein lebensgroßes Modell der Puppe zwischen 1,88 und 2,26 m groß sein würde.
D Barbie wäre unfruchtbar und müsste mit Osteoporose rechnen, ...	4 ... weil sie eine Wespentaille hat, die keine Bauchatmung zulässt.

Bilde sinnvolle Satzgefüge, die mit dem Inhalt des Barbie-Puppen-Artikels übereinstimmen.

- Bei einer **Einsetz-Aufgabe** musst du z. B. passende Wörter in einen lückenhaften Text einsetzen.

Barbies Vorliebe für ⑥ Schuhe würde in der Realität zu gravierenden ⑥ Problemen führen. Durch die ⑥ Fußstellung drohten Barbie ⑥ Zehen.

orthopädisch   unnatürlich   hochhackig   abgespreizt

Fülle die Satzlücken mit den passenden Wörtern aus dem Wortspeicher.

- Die **Kurzantwort-Aufgabe** verlangt deine selbstständig formulierte Antwort auf eine Frage zu einem vorliegenden Text. Antworte möglichst kurz, aber im vollständigen Satz, direkt auf eine entsprechende Textaussage bezogen.

Frage:
Ist es gefährlich, wenn junge Mädchen dem von Barbie vorgeführten Schönheitsideal nacheifern?

(So könnte deine Antwort lauten:)
Es ist gefährlich, weil verschiedene medizinische Untersuchungen nachweisen, dass es zu starken gesundheitlichen Beeinträchtigungen kommen kann.

5.3 Leseziele, Lesetechniken, Lesetagebücher

Ob wir im Zug sitzen und im Vorbeifahren Werbeplakate lesen, den Fahrplan an der Haltestelle studieren oder eine Zeitschrift im Flugzeug durchblättern – immer lesen wir anders, haben wir andere Lesestrategien*, verfolgen wir unterschiedliche Leseziele:

Leseziel	Lesestrategie[1]
… ist es, sich einen groben Überblick über einen Text zu verschaffen, um zu sehen, ob er Antworten auf bestimmte Fragen enthält.	**Überfliegendes Lesen** Bei dieser Lesestrategie liest man nicht Satz für Satz, sondern lässt die Augen wie ein Segelflugzeug über den Text fliegen und erfasst Abschnitte, Überschriften und Hervorhebungen. Der schnell schweifende Blick nimmt vor allem Nomen wahr und „scannt" in Sekundenschnelle die gesuchten Ziel- oder Schlüsselwörter. Langsames Lesen springt von Wort zu Wort, überfliegendes Lesen erfasst mehrere Wörter in einem einzigen „Blicksprung".
… ist es, dem Text bestimmte Einzelinformationen zu entnehmen.	**Gezieltes Lesen** Mit dieser Lesestrategie sucht man in einem Text nach ganz bestimmten Bezeichnungen und Informationen. Dazu verschafft man sich zunächst einen Überblick. Bei einem längeren Text hilft oft schon das Überfliegen der Absatz-Anfänge. Anschließend gilt es, die überfliegend ausgewählten Abschnitte gezielt auszuwerten.
… ist es, sich genau und ausführlich mit dem Textinhalt auseinanderzusetzen, sodass man ihn vollständig beherrscht.	**Intensives Lesen** Mit dieser Lesestrategie erarbeitet man sich alle wesentlichen Informationen eines Textes. Dazu liest man ihn mehrmals konzentriert, markiert Wichtiges (Schlüsselwörter), klärt Unbekanntes, macht Randnotizen.

Bekommst du einen Text in die Hände und unter die Augen, dann
- frage dich: „Was will ich damit? Was erwarte ich von der Lektüre?" und
- wähle die passende Lesestrategie.

---

* **die Strategie**: beste Handlungsweise für ein bestimmtes Ziel

5.3 Arbeitstechniken und Methoden – Lesetechniken

> **Tipp**
> Lies einen neuen Text **nicht** sofort intensiv, Zeile für Zeile!
> Überfliege den gesamten Text zuerst nur schnell von Anfang bis Ende.
> Erst dann solltest du mit dem gezielten, intensiven Lesen beginnen.

Willst du dich ausführlich mit einem Text beschäftigen – etwa einem Zeitungsbericht, einer Sportreportage –, eignet sich dafür die so genannte …

Fünf-Schritt-Lesemethode	
1. Schritt **Überfliegendes Lesen**	Um welches Thema geht es? Wie ist der Text aufgebaut und gegliedert? Was sagt die Überschrift aus? Welche Besonderheiten fallen auf?
2. Schritt **Fragen** ■ zu deiner Lesehaltung	Was weißt du schon über das Thema? Was möchtest du aus dem Text erfahren? Gibt es eine Aufgabenstellung zu dem Text? Was wird von dir verlangt? Wofür möchtest du die Informationen des Textes verwenden?
■ zum Text	Um welche Sorte von Text handelt es sich? W-Fragen: Wer? – Was? – Wann? – Wo? – Wie? – Warum?
3. Schritt **Intensives Lesen** („Talking to the text")	Lesetempo an den Schwierigkeitsgrad des Textes anpassen. Wichtige Textstellen und Wörter verschiedenfarbig unterstreichen/markieren. Schwierige Abschnitte und Wörter kennzeichnen, klären und nachschlagen. Was sagt die Überschrift/der Titel über den Inhalt aus? Halte wichtige Schlüsselwörter fest.
4. Schritt **Sinnabschnitte zusammenfassen**	Wie ist der Text inhaltlich gegliedert (Abschnitte, Absätze …)? Fasse den Inhalt der einzelnen Sinnabschnitte in einem Satz oder in Stichworten zusammen.
5. Schritt **Inhalt wiedergeben und bewerten**	Gib den Inhalt des Textes zusammenhängend wieder. Schreibe eine abschließende Bewertung, eine Stellungnahme oder eigene Überlegungen zum Text.

Hier ein Beispiel dafür, wie jemand den Beginn einer Kurzgeschichte **intensiv gelesen** hat:

	Angelika Domhof	
Wer?	**Er hat alles, was er braucht!**	*wirklich?*
		s. Schluss
keine Namen!	Sie hatte ihn besucht. Er war krank. Irgendjemand	
Ort?	hatte ihr erzählt, dass er krank sei. Er selbst hätte sie	
Zeit?	deswegen nicht angerufen, nicht um ihren Besuch gebeten.	
	Sie hatte sich Sorgen gemacht, war gleich zu ihm ge-	
warum?	gangen, hatte ihn bettlägerig angetroffen. Er freute	*Ablehnung*
	sich nicht über ihren Besuch.	
	Komm mir nicht so nahe, hatte er gesagt, du wirst dich	
keine Anfüh-	anstecken.	
rungszeichen	Ich habe keine Angst vor Ansteckung, hatte sie gesagt,	*Zuwendung*
	ich bleibe auch nicht lange. Ich wollte nur sehen, wie	
	es dir geht.	
	Sie hatte sich einen Stuhl in die Nähe seines Bettes ge-	*Zuwendung*
	zogen, versuchte, die Befangenheit, seine und ihre, zu	
Tempus-Wechsel!	überspielen, indem sie ihm etwas Bangloses erzählte.	
	Sie spürt, dass ihr Besuch ihm nicht angenehm ist. Er	*Ablehnung*
Grund?	teilt seine Hilflosigkeit nicht gern, schon gar nicht mit	
	ihr.	
	Die Blumen sind hübsch, sagt er, lieb von dir.	*Zuwendung*

Sachtexte enthalten oft **Tabellen** und **Grafiken** (Schaubilder, Diagramme), die besonders „gelesen" und ausgewertet werden müssen.

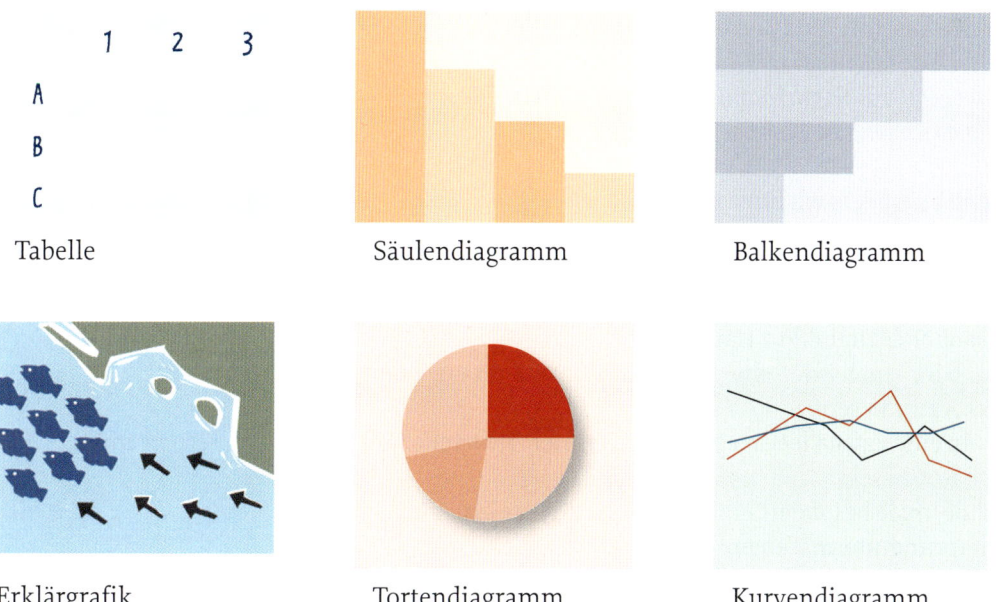

| Tabelle | Säulendiagramm | Balkendiagramm |
| Erklärgrafik | Tortendiagramm | Kurvendiagramm |

Fragen an eine Tabelle/Grafik:
- Worüber gibt sie Auskunft?
- Wer wurde befragt? (Wer wurde nicht befragt?)
- Wie viele Personen wurden befragt?
- Welcher Zeitpunkt/Welche Zeitspanne wird erfasst?
- Auf welche Fragen gibt es Antworten?
- Wer hat die Befragung (in welchem Auftrag) durchgeführt?
- Fasse die Ergebnisse der Tabelle/Grafik kurz zusammen.

Längere Texte, z. B. einen dicken Roman, kannst du zum besseren Verständnis mit einem **Lesetagebuch** begleiten.

Einige Anregungen:
- Am besten eignet sich dafür ein DIN-A4-Heft.
- Gestalte den Umschlag passend zu dem Buch, über das du Tagebuch führst.
- Lies einen Abschnitt, ein Kapitel.
- Vermerke im Lesetagebuch das jeweilige Datum deiner Lektüre.
- Schreibe anschließend alle Gedanken auf,
  die dir zu dem gelesenen Abschnitt einfallen; z. B.:
  Darum geht es in Kapitel 5/auf S. 25–40: ..., Das gefällt mir .../stört mich: ...,
  Das finde ich wichtig: ..., Fragen/Ideen zum Text: ...
- Zitate:
  Schreib besonders wichtige und schöne Sätze und Abschnitte Wort für Wort heraus
  (▶ mit Seitenangabe).
- „Figurensteckbrief":
  Schreib auf, wie du dir die wichtigsten Figuren vorstellst. Zeichne sie.
- „Persönlicher Draht" zur Hauptfigur:
  Schreib ihr einen Brief, eine E-Mail, SMS. Denk dir ein Telefonat aus.
- Selbst Autor/in sein:
  Hast du eine eigene Idee zu einer bestimmten Textstelle? Schreib sie um, setz sie fort ...
- Illustrator/in sein:
  Zeichne, male besonders eindrucksvolle Textstellen (als Comic ...).
- Hintergrundinformationen:
  Trage Informationstexte, Illustrationen, Stadt-/Landkarten usw. zu deinem Buch und seinen Schauplätzen zusammen.

5.4 Ideen sammeln – vortragen – präsentieren

Willst du eine gute Klassenarbeit über ein Märchen der Brüder Grimm schreiben, einen interessanten Kurzvortrag über dein Lieblingstier halten oder über einen spannenden Jugendroman referieren – immer brauchst du zuallererst interessante Ideen zu deinem Thema. Wie kommt man auf gute Ideen?
Hier vier Vorschläge zum …

Ideensammeln	
▪ das **Brainstorming** (engl. „Hirnsturm", „Geistesblitz")	Dabei sammelst du wahllos alle Begriffe und Gedanken, die dir zu einem Thema einfallen, auf einem Blatt Papier oder auf einzelnen Zetteln. Es gibt kein „richtig" und kein „falsch", alle Einfälle sind erlaubt! Erst ganz am Ende versuchst du sie zu ordnen und Unpassendes auszustreichen.
▪ Der **Cluster** (engl. „Haufen, Menge, Traube")	Das ist eine geordnete Menge von Stichwörtern zu einem Thema. Schreibe das Thema in die Mitte eines Blattes und kreise es ein. Alle Stichwörter, die dir dazu einfallen, schreib in lockerem Abstand um diesen Mittelpunkt herum auf und kreise auch sie ein. Wie hängen die Stichwörter mit dem Thema und wie hängen sie untereinander zusammen? Verdeutliche ihre Beziehungen durch Verbindungsstriche, streiche, ergänze.
▪ Die **Mind-Map** (engl. „Gedanken-Landkarte")	Dabei werden alle Ideen und Gedanken, die man zu einem Thema, einem Projekt zusammengetragen hat, übersichtlich geordnet: Das Thema steht in der Mitte. Alle Gedanken, Gesichtspunkte und Arbeitsschritte werden so um das zentrale Thema angeordnet, dass eine Reihenfolge und Gliederung sichtbar wird. Verbinde die einzelnen Punkte durch Haupt- und Nebenlinien miteinander. Versieh die Verbindungslinien mit erläuternden Wörtern. Arbeite mit verschiedenen Farben. Füge verdeutlichende Piktogramme hinzu.
▪ Die **Place-Mat-Methode** (engl. „Platzdeckchen")	Bildet Vierergruppen. Legt einen großen Bogen Papier in die Mitte des Gruppentischs. Sammeln: Jede/r schreibt gute Ideen in seine Place-Mat-Ecke. Sichten: Sprecht über eure Vorschläge. Auswählen: Einigt euch auf die besten Vorschläge und schreibt sie in die Mitte.

Informationsmaterial besorgen, recherchieren*

Wenn du Informationen zu einem bestimmten Thema suchst, stehen dir verschiedene Informationsquellen zur Verfügung:
- deine Schulbücher und Lexika
- spezielle (Fach-)Bücher und (Fach-)Zeitschriften zu deinem Thema
- das Internet
- Lexika, Bücher und Zeitschriften mit Beiträgen zu deinem Thema findest du in **Bibliotheken**; und dort über die (elektronischen) Kataloge, alphabetisch geordnet nach Autorennamen und Schlagworten („Suchbegriffen") auch zu deinem Thema.
  Wie du hier am schnellsten „fündig" wirst, erfährst du von dem geschulten Bibliothekspersonal.
- Heute ist es natürlich an erster Stelle das **Internet**, das uns anscheinend unbegrenzt viele Informationen schnell und bequem auf den elektronischen Schreibtisch („desktop") lädt: Viele literarische Texte für den Deutschunterricht sind beim „Projekt Gutenberg" (gutenberg.spiegel.de) zu finden.
  Online-Lexika wie „Wikipedia" helfen weiter, wenn es um Wissensfragen geht.

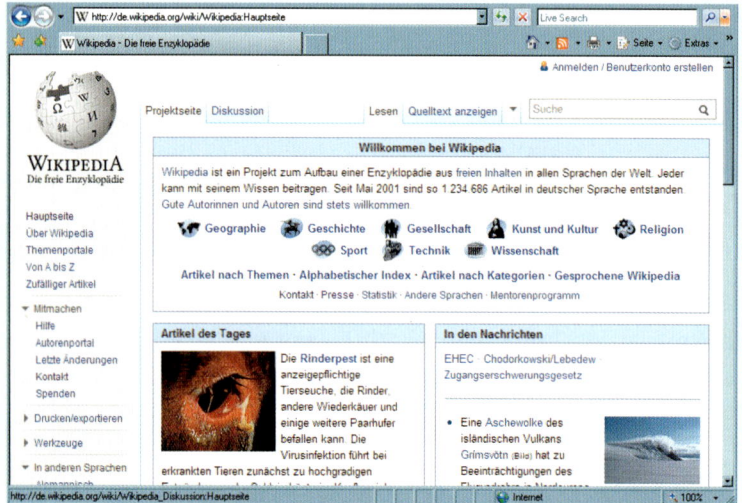

Tipp

Wikipedia (de.wikipedia.org) ist ein Online-Lexikon, das von jedem/r Nutzer/in auf der ganzen Welt jederzeit verändert, erweitert und aktualisiert werden kann. Artikel aus Wikipedia dürfen mit der Quellenangabe „Wikipedia" frei kopiert und verwendet werden.
Die Qualität der Artikel hängt stark vom Thema ab. Artikel über Sachthemen sind in der Regel zuverlässig, solche über lebende Personen enthalten manchmal falsche Informationen. Deshalb sollte man neben Wikipedia immer noch andere (elektronische) Informationsquellen verwenden.

* **recherchieren** (franz.): (unter)suchen, ermitteln, nachforschen

- **Suchmaschinen** wie „Google" und „Bing" liefern Quellen für jede Art von Information. Dabei kommt es darauf an, die richtigen Suchbegriffe zu verwenden:
  Je allgemeiner ein Suchbegriff ist (z. B. *Plagiat*), umso länger und unübersichtlicher ist die Trefferliste.
  Verwende deshalb möglichst genaue Suchbegriffe (z. B. *Textplagiat*) oder Kombinationen von Suchbegriffen (z. B. *Plagiat Zitat*).
- Suchst du nach einer bestimmten Formulierung, einem Zitat, dann verwende „…"; z. B.: *„Plagiate gelten als Täuschungsversuch"*
- Die großen **Suchmaschinen** ordnen ihre Suchergebnisse automatisch, indem sie wichtige Seiten der Ergebnisliste zuerst präsentieren (so genanntes „Ranking"):
  Die Übersicht der Suchergebnisse liefert zu jedem Link Zusatzinformationen, mit denen du einschätzen kannst, ob die Treffer sinnvoll für deine Recherche sind.
  Mit der **„Erweiterten Suche"** kann man Ergebnisse nach Land, Sprache oder Datum filtern. Prüfe immer, ob sich auch auf den Folgeseiten der Suchergebnisse geeignete Artikel finden. Das Suchmaschinen-Ranking ist nicht immer zuverlässig.
  Verändere evtl. deine Suchbegriffe.

Suchmaschinen	
www.google.de www.bing.de www.yahoo.de	Diese allgemeinen Suchmaschinen erlauben die Recherche nach Informationen, Bildern, Nachrichten usw.; teilweise auch nach einzelnen Kategorien (Musik, Videos usw.).
www.milkmoon.de www.fragfinn.de www.blinde-kuh.de www.helles-koepfchen.de	Spezielle Suchmaschinen für Kinder und Jugendliche bieten auch Nachrichten, Beiträge zu interessanten Themen, Buchtipps usw.

5.4 Arbeitstechniken und Methoden – recherchieren

Die Zuverlässigkeit und Qualität von Webseiten muss immer kritisch bewertet werden.

Dazu einige Faustregeln:
- Öffentliche Einrichtungen wie Universitäten oder Ministerien bieten meistens vertrauenswürdige Informationen.
- Die Online-Angebote wichtiger Informationsdienste wie Nachrichtenmagazine, Zeitungen oder Fernseh- und Radiosender liefern in der Regel zuverlässige Angaben.
- Firmen haben meistens wirtschaftliche Interessen und wollen werben.
- Private Seiten können zuverlässig sein, enthalten aber oft sehr persönliche Ansichten.

Deshalb beachte
- die Hinweise im so genannten „Impressum":
  Wer ist Verfasser(in)/Herausgeber(in) der Seite?
- Ist er/sie Experte/in für dieses Thema? (Kann „die_pflaume_sumsi" wirklich zuverlässig über „Richtiges Zitieren" informieren?)
- Sind Informationen und Thesen durch Quellenverweise belegt?
- Besteht der Text hauptsächlich aus unbegründeten Meinungen, Behauptungen? Führt er Gründe, Beispiele, Belege an?
- Werden die Inhalte übersichtlich und verständlich präsentiert?

Um den Überblick bei deiner Internetrecherche zu behalten, ist es sinnvoll, ein **Rechercheprotokoll** anzulegen:

Such-begriff	Such-maschine	Internetseite	Bewertung	Gespeichert?
Plagiat	Google	http://plagiat.fhtw-berlin.de	Seite der Berliner Fachhochschule, viele Links, enthält sogar eine Lerneinheit	ja
...	...	...	...	

Stell dir vor: Du möchtest dich auf eine Klassenfahrt vorbereiten. Oder du sollst einen kurzen Vortrag oder ein ausführliches Referat zu einem bestimmten Thema halten.

Recherchieren

- Suche in **Schulbüchern** und in der **Schulbibliothek**, was dort zum Thema deiner Klassenarbeit oder deines Vortrags steht. - Recherchiere zu deinem Thema im (Schlagwort-)Katalog der Stadtbücherei (auch online).	Leihe passende Bücher aus. Kopiere Seiten, die zum Thema passen. Schreibe wichtige Textstellen Wort für Wort und fehlerfrei heraus (in ein Heft, oder auf Karteikarten). Notiere die ▶ Quelle genau.
- Recherchiere im **Internet**.	Zu deinem Thema passende Texte, Bücher, Tondokumente u. Ä. **Speichere** unter ... **Datei** und **Ordner** auf deinem PC. Vermerke auch hier die Quelle genau.

▶ S. 30

■ Forsche nach, was die **Medien** (Fernsehen, Radio, Zeitungen, Zeitschriften) zu deinem Thema anbieten.	Die Sender und Medien machen ihre Angebote teilweise gedruckt, teilweise online im Internet.
■ Von welchen **Personen** aus deiner Umgebung kannst du Informationen zu deinem Thema bekommen?	Überlege dir passende Fragen (▶ Interview), auf die du Antworten suchst. ▶ S. 148
■ Welche öffentlichen Einrichtungen und Ämter haben interessantes Material für dich (Touristinformation, Jugend-/Arbeitsamt, Kirchen, Sportvereine usw.)?	Wende dich telefonisch oder schriftlich (▶ Brief) an die betreffenden Stellen. ▶ S. 20

Was tun mit der Menge an Material, das du zu deinem Thema zusammengetragen hast? Ordne es am besten in einem **Portfolio.**
Das **Portfolio** (zu ital. *portafoglio* „Blättermappe") ist eine Mappe mit Materialien zu einem bestimmten Thema (z. B. „Indien", „Berufe", „Mein Lieblingsfilm").

Portfolio	
■ Umschlag, Deckblatt	Gestalte sie (per Hand oder mit Hilfe des PC) in Schrift und Bild passend zum Thema.
■ Inhalt	☐ Finde eine sinnvolle **Reihenfolge** für deine Materialien: von dir selbst geschriebene Texte, Erklärungen Beschreibungen von Menschen, Gegenständen, Bildern Fotos, Karten und andere Abbildungen Empfehlungen von Büchern, Filmen, Musik wichtige (Internet-)Adressen ☐ Nummeriere die einzelnen Seiten fortlaufend. ☐ Gruppiere enger zusammengehörende Materialien unter einer passenden Überschrift zu **Kapiteln**. ☐ Schreibe ein **Inhaltsverzeichnis** für dein Portfolio.
■ Auswertung der Materialien	☐ Markiere in deinen Materialien wichtige Textstellen (Schlüsselwörter). ☐ Fasse längere Texte/Kopien ▶ zusammen. ▶ S. 18 ☐ Beschreibe ▶ Schaubilder mit deinen Worten. ▶ S. 135 ☐ Vermerke, wofür ein Text, Bild, Material besonders gut geeignet ist; worin Vorzüge bestehen.
■ Bewertung des Portfolios insgesamt	Frage dich nach beendeter Portfolio-Arbeit: ☐ Was fiel mir leicht, machte Spaß? ☐ Womit habe ich mich gequält? Warum? ☐ Was will ich beim nächsten Portfolio besser machen? ☐ Leg dein Portfolio einer fremden Person zur Beurteilung vor.

Referieren

Du sollst über ein bestimmtes Thema einen kürzeren oder längeren Vortrag (ein Referat) halten, referieren.

▶ S. 138 Das nötige Material dazu hast du bereits ▶ recherchiert
▶ S. 141 und in einem ▶ Portfolio gesammelt und geordnet.

Referieren		
■ die **Dauer**	☐ Wie lange soll dein Referat, dein Vortrag dauern? ☐ Davon hängt ab, wie viel Material du verwenden kannst.	
■ das **Publikum**	☐ Wie alt ist deine Zuhörerschaft? ☐ Was weiß sie schon über das Thema? ☐ Davon hängt ab, was du weglassen kannst/unbedingt sagen solltest; ☐ wie einfach/anspruchsvoll deine Formulierungen und dein Wortschatz (Fremdwörter, Fachwörter) sein dürfen; ☐ welche anschaulichen Medien (Abbildungen, Folien usw.) du einsetzt.	
■ der **Inhalt**	☐ Wähle aus dem von dir (im Portfolio) gesammelten Material das aus, was wirklich zum Thema passt, zum Publikum passt, in den Zeitrahmen passt.	
■ die **Gliederung**	Probiere folgende Möglichkeiten:	
Einleitung	☐ Verknüpfe das Thema mit deinem eigenen (Schul-)Alltag. ☐ Stell eine überraschende Frage, ☐ Erzähl eine (lustige) Anekdote zum Thema. ☐ Nenn die wichtigsten Ziele deines Vortrags. ☐ Stell die Gliederung kurz vor. ☐ Beginne mit einer herausfordernden These.	
Hauptteil	Gliedere nach „bekannt – neu" oder „weniger wichtig – sehr wichtig".	
Schluss	☐ Knüpfe an den Anfang deines Vortrags an. ☐ Nenn kurz denkbare Alternativen zu einigen deiner Ausführungen. ☐ Gib eine persönliche Einschätzung. ☐ Fordere zum Handeln auf.	

Referieren

- **das Manuskript**
  - ☐ Schreibe nicht auf DIN-A4-Papier, schreibe auf Karteikarten im DIN-A6- oder Postkartenformat.
  - ☐ Beschreibe am besten nur die Vorderseite.
  - ☐ Nummeriere die Karteikarten durch.
  - ☐ Verwende für Einleitung – Hauptteil – Schluss verschiedenfarbige Karteikarten.
  - ☐ Versuche deinen Redetext nicht in ganzen Sätzen, sondern nur in Stichworten aufzuschreiben. (Das schützt dich vorm Ablesen.)
  - ☐ Notiere besonders wichtige Äußerungen in einer bestimmten Farbe (z. B. in Rot); weniger Wichtiges in einer anderen.
  - ☐ Markiere und unterstreiche Wichtiges farbig – aber bitte sparsam!
  - ☐ Notiere deutlich „Regieanweisungen":
    Folie auflegen
    Fachbegriff anschreiben
    Kleine Pause machen!

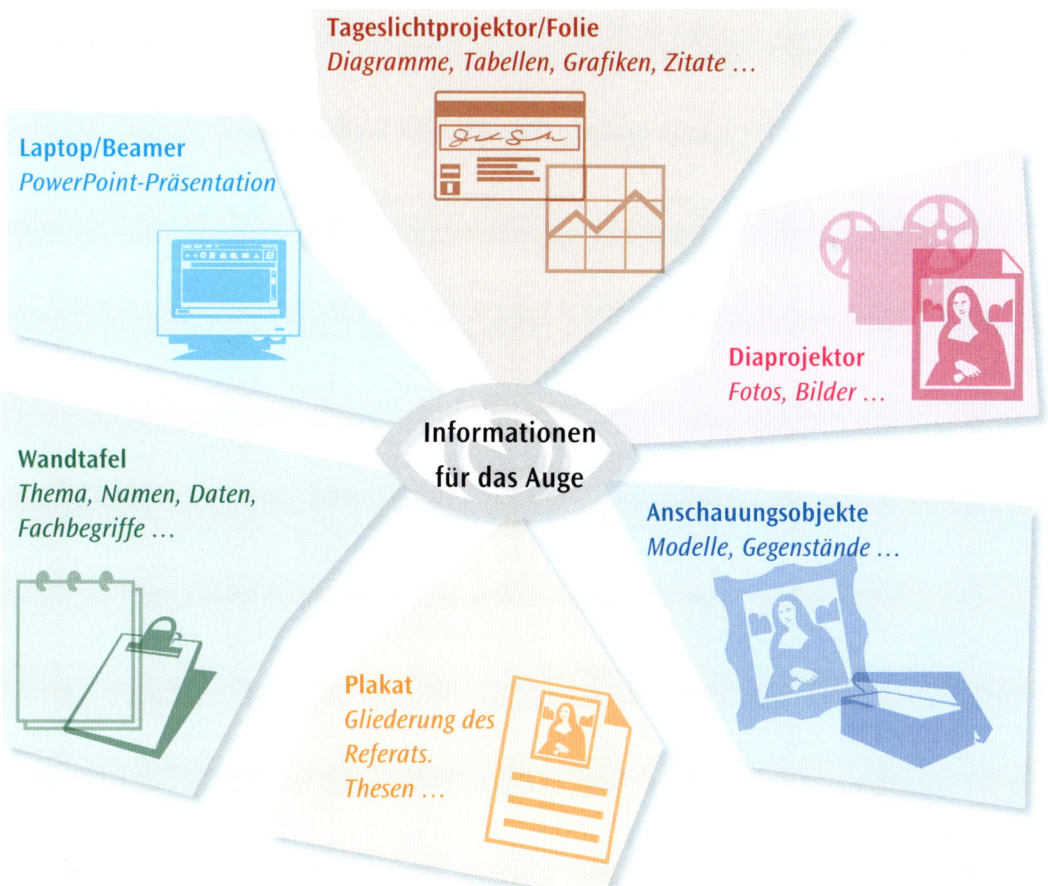

5.4 Arbeitstechniken und Methoden – referieren

Das Fremdwort **referieren** kommt aus dem Lateinischen und bedeutet „berichten", „vortragen". Aber ein Referat nur für die Ohren des Publikums wäre zu wenig – das hat ja auch Augen! Was kannst du deinem Publikum zeigen (**präsentieren**)?

Präsentieren	
■ Womit?	☐ Versuche nicht, möglichst viele Medien – Folien, Plakat, Beamer, CD-Player – einzusetzen. Wähle nur solche aus, die deine Worte besonders anschaulich machen und ergänzen.
■ Wie?	☐ **Folien** (Overheadprojektor, PC) Schreibe auf die Folien selbst nur die wichtigsten, die zentralen Aussagen; und nur in Stichworten. Erläuterungen dazu notierst du in deinem Vortragsmanuskript (oder als elektronische „Notiz"). Trage diese Notizen zu den Folien mündlich vor. Wähle für die Folientexte gut lesbare Schrift(en). Achte auf ausreichenden Zeilenabstand. Verändere die Schriftgröße und benutze Farbe(n) zum Hervorheben. Achte auch auf gute Lesbarkeit und Erkennbarkeit von Tabellen, Abbildungen und Animationen. ☐ Für ein **Plakat** gelten ähnliche Richtlinien. ☐ Vermerke in deinem **Referatmanuskript** (Karteikarten) gut sichtbar die genaue Einsatzstelle von Wandtafel, Plakat, Projektor usw. ☐ Plane die Zeit ein, die der Medieneinsatz neben der Redezeit braucht!
■ Wem?	☐ Teile deinem Publikum mit, ob es Fragen **während** deines Vortrags stellen darf oder erst **danach**. ☐ Überlege, ob du – zu Beginn oder am Ende – ein **Thesenpapier** („Handout") zu deinem Referat verteilen möchtest; mit der Gliederung, zentralen Aussagen/Thesen/(Zwischen-)Ergebnissen, wichtigen (Fach-)Begriffen und Erklärungen, Literaturangaben. ☐ Schau dein Publikum während deines Vortrags immer wieder freundlich an. ☐ Sprich mal laut, mal leise; mal langsam, dann wieder schneller.

Die Aufgabe des Publikums während deines Vortrag ist nicht nur das aktive Zuhören. Als Referent/in brauchst du **Feedback** („Rückkopplung", Publikumsreaktionen), um dich zu verbessern.

Dazu können sich einige Zuhörende nur auf dich und die Art deines Vortrags konzentrieren. (Dabei kann ihnen die folgende „Checkliste" nützlich sein). Anschließend teilen sie dir ihre Beobachtungen mit.

H – S – V – Check für clevere Vorträge

Hören	Lautstärke	☐ angemessen	☐ zu laut	☐ zu leise
	Sprechtempo	☐ angemessen	☐ zu schnell	☐ stockend, zu viele Pausen
	Stimmführung und Sprechweise	☐ abwechslungsreich	☐ übertrieben	☐ undeutlich, monoton
	Satzbau	☐ verständlich	☐ zu lang, verschachtelt	☐ unvollständig, abgehackt
Sehen	Auftreten	☐ sicher, ruhig	☐ überheblich	☐ unsicher, schüchtern
	Gestik/Mimik	☐ locker	☐ hektisch	☐ verkrampft
	Blickkontakt	☐ Schaut das Publikum immer wieder an.	☐ Schaut Einzelne/immer dieselben an.	☐ Kein Kontakt, klebt am Zettel.
	Hilfsmittel, Medien	☐ veranschaulichen wichtige Gedanken	☐ ohne besondere Wirkung	☐ fehlen
Verstehen	Kontakt zum Publikum	☐ Gibt Gelegenheit für Fragen.	☐ Fragt nach: „Verständlich?"	☐ Redet am Publikum vorbei.
	Aufbau	☐ klar gegliedert	☐ wenig Gliederung	☐ durcheinander
	Verständlichkeit	☐ gut verständlich	☐ meist verständlich	☐ schlecht verständlich
	Einstieg	☐ interessant	☐ vorhanden	☐ fehlt
	Schluss	☐ interessant	☐ vorhanden	☐ fehlt
	Informationsgewinn	☐ hoch	☐ vorhanden	☐ gering

5.5 Teamtime – In Gruppen arbeiten

Projekte

Deine Hausaufgaben machen oder ein Buch vorstellen, das sind Schulaufgaben, die du gut allein erledigen kannst. (Aber vielleicht arbeitest du auch hier wenigstens ab und zu gerne mit jemandem zusammen – gut so!) Nun gibt es umfangreiche, mit großem Aufwand verbundene (Schul-)Aufgaben, so genannte **Projekte**, die eine Person nur mit sehr viel Mühe oder überhaupt nicht allein erledigen kann; z. B.:

- eine/n Autor/in mit allen Lebensstationen und allen Büchern präsentieren
- verschiedene Berufe in der Klasse vorstellen
- ein Theaterstück aufführen

Das geht nur in **Gruppen**- oder **Teamarbeit**.

	Projektphasen	
▶ S.137	■ Zielvereinbarung	Welche verschiedenen Aspekte, Schwerpunkte hat das Thema? ■ Verschafft euch einen Überblick per ▶ Brainstorming, Cluster oder Mind-Map. ■ Sammelt eure Ideen (Tafel, Pinnwand). ■ Gruppiert eure vielen Ideen zu Themen-Schwerpunkten.
	■ Gruppenbildung	■ Bildet Gruppen, die sich für die einzelnen Themenschwerpunkte interessieren. ■ Verteilt verschiedene Aufgaben/Rollen: Wer achtet auf den Zeitplan? Wer protokolliert? Wer hält (Zwischen-)Ergebnisse schriftlich fest? Wer trägt mündlich vor?
	■ Planung	■ Vereinbart mit allen Teilgruppen einen Terminplan; und zwar: einen Schlusstermin für das ganze Projekt; Einzeltermine für nötige Gespräche zwischen den Gruppen. ■ Verteilt die verschiedenen Projekt-Aufgaben in den Gruppen. ■ Beschafft euch die nötigen Arbeitsmittel.
▶ S.138	■ Durchführung	■ In den Gruppen ▶ recherchiert und bearbeitet ihr nötige Texte und Materialien. ■ Trefft euch mit den anderen Gruppen: Stimmt eure Arbeiten aufeinander ab. Überlegt, wir ihr eure einzelnen Gruppenergebnisse am wirkungsvollsten gestalten könnt für die abschließende Präsentation des ganzen Projekts.
▶ S.144	■ Präsentation	■ Präsentiert eure Gruppenergebnisse so anschaulich wie möglich unter ▶ sinnvollem Medieneinsatz. ■ Geht an die „Öffentlichkeit": Intranet eurer Schule, Schulfest, Infostand, Schülerzeitung, Stadtzeitung …

Projektphasen		
Aus-wertung	■ Was hat dir/euch bei der Projektarbeit am meisten Spaß gemacht? ■ Gab es Probleme? Wie hätten sie vermieden werden können? ■ Was waren die Vorteile/Nachteile bei der Arbeit in Gruppen? ■ Wie klappte die Präsentation? Wie reagierte das Publikum? ■ Formuliere Verbesserungsvorschläge für ein zukünftiges Projekt.	

Textüberarbeitung

Einen selbst verfassten Text musst du vor der „Reinschrift" verbessern und überarbeiten. Das kannst du alleine erledigen, etwa mit folgenden ...

Proben		
■ Mit der **Umstellprobe** variierst du Wortstellung und Satzbau und verdeutlichst den Gedankengang.	*Sie ist aus Afrika zurück. Sie hat dort einen Film gedreht.* *Sie ist aus Afrika zurück. Dort hat sie einen Film gedreht.* *Er wird viel berichten. Er hat im Kinderdorf gearbeitet.* *Da er im Kinderdorf gearbeitet hat, wird er viel berichten.*	
■ Mit der **Ersatzprobe** kannst du Wortwiederholungen vermeiden und unpassende Formulierungen ersetzen.	*Praktikanten helfen bei vielen Aufgaben.* *~~Praktikanten helfen~~ z. B. beim ...* *Sie unterstützen z. B. ...* *Hallo, liebe Eltern, Fabian hat uns von seinem echt coolen Trip nach Ghana erzählt.* (Passender:) *Liebe Eltern, Fabian hat uns von seiner sehr interessanten Reise nach Ghana erzählt.*	
■ Bei der **Weglassprobe** kann man umständliche Formulierungen, unnötige Wörter und Wiederholungen streichen.	*Durch hygienisches Essen und Trinken ~~von Speisen und Getränken~~ können viele ~~unnötige~~ Erkrankungen vermieden werden.*	
■ Die **Erweiterungsprobe** zeigt, wie eine Aussage genauer gemacht werden kann.	*Vor einer Reise nach Ghana sind Vorbereitungen nötig.* *... muss man sich um ein Visum, den Flug und Impfungen kümmern.*	

Da niemand einen ganz kritischen Abstand zu seinen eigenen Texten hat, übersieht man leicht Fehler und Schwächen. Deshalb ist es empfehlenswert, wenn eine oder sogar mehrere fremde Personen deinen Entwurf einer kritischen Betrachtung unterziehen.

Textüberarbeitung		
	■ Inhalt	Verstehe ich im Einzelnen, worum es geht? Was ist mir unverständlich, unklar? Was gehört nicht zum Thema? Welche Informationen fehlen? Passt die Überschrift gut zum Thema?
	■ Aufbau	Bis wohin geht die Einleitung? Bereite den folgenden Text gut vor: Wer? – Was? – Wo? – Wann? Steht alles in einer sinnvollen Reihenfolge? Gibt es einen passenden Schluss?
▶ S. 103 ▶ S. 108 ▶ S. 111	■ Grammatik	Sind die Wörter richtig gebeugt? Stimmen die Endungen? Ist das ▶ Tempus der Verben korrekt? Wird die ▶ indirekte Rede richtig gebildet? Werden zusammengesetzte Sätze mit passenden Bindewörtern (▶ Konjunktionen) verbunden?
▶ S. 124	■ Sprache/Stil	Sind Wortwahl und Satzbau abwechslungsreich, ohne störende Wiederholungen? Werden unpassende ▶ Umgangssprache und Jugendsprache vermieden? Sind die Sätze vollständig? Gibt es keine unklaren Schachtelsätze?
▶ S. 85	■ Rechtschreibung Zeichensetzung	Vergleiche dazu den ▶ Fehlerbogen und die dort aufgezählten Fehlerarten.
▶ S. 30	■ Äußere Form	Ist die Schrift gut lesbar? Gibt es gliedernde Absätze und Zwischenüberschriften? Werden anschauliche Abbildungen, Schaubilder, Tabellen eingesetzt? Wird richtig ▶ zitiert?

Bei einer solchen Überarbeitung eines Textentwurfs im Team („Schreibkonferenz") werden die Punkte „Inhalt", „Aufbau" usw. auf verschiedene Personen verteilt.

Umfrage und Interview

Umfrage und Interview
sind nicht dasselbe!

5.5 Arbeitstechniken und Methoden – Gruppenarbeit

Umfrage

Sie befragt
- zu einem bestimmten Thema
- viele Personen
- mit präzisen Fragen
- und erwartet Antworten aus „Ja" oder „Nein", aus wenigen Worten oder zum Ankreuzen.

Zum Beispiel dem Thema „Zeitunglesen"
Jugendliche, Erwachsene, Senioren ...
Alter?/Geschlecht?
Lesen Sie täglich – mehrmals – 2 x/1 x wöchentlich?
Zeitung abonniert oder Kauf am Kiosk?
Welche Zeitung: regional – überregional?
Lesen Sie die Papierfassung oder online?
Welche Themen vermissen Sie? Wünsche?
Welches Zeitungsressort bevorzugen sie?

Die vielen Antworten auf eine Umfrage müssen gezählt und verglichen werden.
Das geht am übersichtlichsten in einer ▸ Tabelle oder einem Schaubild (Diagramm). ▸ S.135
Diese Ergebnisse müssen schriftlich ▸ kommentiert und bewertet werden. ▸ S.76

Im Unterschied zur Umfrage richtet sich das ▸ Interview an eine einzelne Person. ▸ S.76
Hier zielen die Fragen zu einem bestimmten Thema nicht auf eine möglichst kurze
(Ja-/Nein-)Antwort, sondern auf eine möglichst ausführliche Auskunft.

Frage-Typen

- Die **Einstiegsfrage** umreißt das Thema.

  Stimmt es, was Statistiken zeigen, dass das Interesse von Jugendlichen an Zeitungen in den vergangenen Jahren sehr stark zurückgegangen ist?

- Die **faktenorientierte** (W-)Frage zielt auf genaue Informationen.

  Was stört die Jugendlichen Ihren Forschungsergebnissen nach an der Zeitung?

- Die **Entscheidungs-** oder **Ja-/Nein-Frage** erlaubt kurze Antworten.

  Lesen Mädchen immer noch weniger Zeitung als Jungen?

- Die **Einschätzungsfrage** zielt auf die persönliche Einschätzung des Interviewten.

  Was können die Zeitungen Ihrer Meinung nach tun, damit sie von mehr Jugendlichen gelesen werden?

- die **Abschlussfrage** erlaubt dem Interviewten eine Zusammenfassung.

  Was haben Jugendliche überhaupt davon, dass sie Zeitung lesen?

Beachtet folgende Punkte, wenn ihr ein Interview führt:
- Arbeitet ihr mit Mikrofon oder mit Fragebogen, auf den ihr die Antworten notiert?
- Gestaltet den Fragebogen am PC übersichtlich und mit genügend Schreibraum.
- Seid höflich und freundlich – ihr wollt etwas von jemandem!
- Womit weckt ihr Interesse für euer Interview?
- Erklärt den Interviewten euer Anliegen genau. Was geschieht mit dem Interview?
- Hört aufmerksam zu. Unterbrecht nicht. Bestätigt, fragt nach.

5.6 Miteinander sprechen – (zu)hören – diskutieren

> Hey, Alte, will mit deinem Sohnemann sprechen.
> *Hallo, ich bin Max, ich möchte gern den Thorsten sprechen.*
> Guten Tag, Frau Meissner, hier ist Max. Ich bin ein Freund von Thorsten. Wäre es möglich, ihn zu sprechen?
> *Hi! Geben Sie mir bitte mal Thorsten ans Telefon!*
> Kann ich mal Ihren Sohn Thorsten sprechen?

In Rollen adressatengerecht sprechen und handeln

Unser Sprechen und Verhalten im Gespräch hängt von der Rolle ab, die wir einnehmen: Kind – Eltern; Schüler/in – Lehrer/in; Kunde – Verkäufer/in; Angestellte/r – Chef/in. Weder beim Sprechen noch im Verhalten darf man „aus der Rolle fallen".
Du musst dich auf dein Gegenüber – den/die Adressaten/in – einstellen.

Adressatengerechtes Sprechen bedeutet:
- eine angemessene Anrede für den/die Gesprächspartner/in finden,
- ihnen höflich und freundlich begegnen,
- sich einer respektvollen Sprache nicht nur bei Wünschen oder Fragen bedienen,
- sondern die Achtung auch durch Gesten ausdrücken,
- durch Zuhören und durch Ausredenlassen.

Aktiv zuhören

Ein Gespräch misslingt in der Regel, wenn
- das, was jemand *sagt*, und
- das, was jemand *versteht*,

nicht übereinstimmen.

Deshalb sollten die Sprechenden
- Blickkontakt halten: Schau dein Gegenüber an.
- aufmerksam sein: Konzentriere dich darauf, was und wie es gesagt wird.
- um Erläuterungen bitten: Frage nach, wenn du etwas nicht verstehst.

Hier einige Techniken, das aktive Zuhören zu üben:

5.6 Arbeitstechniken und Methoden – miteinander sprechen

(Zu-)Hörtechniken

■	Hörprotokoll	Dazu begibt man sich an einen stimmen- und geräuschvollen Ort und notiert alles, was man hört (Augen schließen!). Anschließend bringt man seine Notizen in eine interessante, angemessene Form.
■	Kontrollierter Dialog	Bildet Dreiergruppen mit den Rollen **A** und **B** und **C**: **A** trägt ihre/seine Meinung zu einem bestimmten Thema, zu einer Frage vor und nennt Gründe und Beispiele. **B** gibt die Auffassung von **A** mit eigenen Worten wieder. **C** stellt fest, ob **A** von **B** richtig wiedergegeben wurde; wenn nicht, korrigiert sie/er. Wechselt die Rollen.
■	Kugellager	Bildet einen Innen- und einen Außenring mit derselben Personenzahl. Immer zwei aus den beiden Kreisen wenden sich einander zu und sprechen über ein vereinbartes Thema. Ihr könnt euch auch Notizen machen. Nach einer bestimmten Zeit und einem Signalton verschieben sich die beiden Kugellager-Ringe gegeneinander. So wechselt ihr den/die Partner/in und beginnt erneut mit einem Zweiergespräch.
■	Verabredungen treffen	Schreibt drei Uhrzeiten – z. B. 10.00 Uhr – 10.15 Uhr – 10.30 Uhr – auf drei verschiedene DIN-A5-Zettel. Auf ein Startsignal verabredet ihr euch mit drei Mitschüler/inne/n. Schreibt ihren Namen neben die jeweilige Uhrzeit. Trefft euch zur vereinbarten Zeit mit euren drei „Verabredungen"; Dauer: vier Minuten. Tauscht eure Meinung zu einem bestimmten Thema aus. Wer zuhört, macht sich kurze Notizen. Wertet die Notizen aus, die über eure Meinungsäußerungen niedergeschrieben wurden: Wird eure Meinung richtig, vollständig und geordnet wiedergegeben?

Diskutieren

Beim Diskutieren geht es darum, sich mit anderen über eine bestimmte Frage auszutauschen, jemanden von der eigenen Meinung zu überzeugen.
Ob du hier erfolgreich bist, hängt nicht nur von überzeugenden ▶ Argumenten ab, sondern von deinem ganzen Verhalten:

▶ S.26

Eine Diskussion kann man allein durch sein **Verhalten** fördern oder hemmen. Dazu ist es wichtig, nicht nur das eigene Verhalten im Blick zu haben, sondern auch darauf zu achten, dass die anderen ins Gespräch einbezogen werden. So entsteht eine „Diskussionskultur".

Beobachtungsbogen zur „Diskussionskultur"			
Darauf ist zu achten	Gelingt gut	Gelingt nicht immer	Muss geübt werden
die/den Gesprächspartner/in anschauen			
freundlich gucken			
keine abwertenden Handbewegungen machen			
aufmerksam zuhören			
sich am Gespräch beteiligen			
in angemessener Lautstärke sprechen			
die anderen ausreden lassen			
andere Beiträge aufgreifen			
jemanden für eine Idee loben			
Gesprächsregeln angemessen einfordern			
Kritik äußern, ohne zu kränken			
keine „Killerphrasen"			

5.6 Arbeitstechniken und Methoden – miteinander sprechen

Killerphrasen:
- Das haben wir doch schon mal vergeblich probiert!
- Erst mal sehn, was die andern machen.
- Du immer mit deinem …
- Das ist viel zu viel Aufwand!
- Dazu habe ich kein(e) …

Diskussionsförderer:
- Du hast gerade gesagt, …
- Ich bin eher der Meinung, …
- Ich möchte hinzufügen …
- Bist du wirklich der Überzeugung, dass …?
- Du hast zwar Recht, wenn du sagst … – Aber das ist kein Grund, um …
- Wie erklärst du dann …?
- Überleg doch mal …
- Du verallgemeinerst zu sehr, wenn du …
- Dein Beispiel hat zwar gezeigt, dass …
- Man muss aber auch bedenken, …
- Es ist schon richtig, … –
- Aber andererseits …

Um eine ergiebige **Diskussion** über eine solche Frage führen zu können, braucht man vor allem
- gute ▸ Argumente
- Begründungen, Beispiele.

Wie kann man sich darauf **vorbereiten**?
- Sammelt möglichst viele ▸ Informationen zum Diskussionsthema.
- Führt in der Gruppe ein ▸ Brainstorming durch.
- Legt ein ▸ Cluster oder eine ▸ Mind-Map mit Pro- und Kontra-Argumenten und Beispielen an.
- Notiert jedes Argument mit Begründung und Belegen auf eine **Argumentkarte**.

Jobben für Klamotten? ▸ S. 26

Argument ▸ S. 138

Gegenargument ▸ S. 137

Argumente finden – zwei Arbeitstechniken		
■ Die Position wechseln	☐ Bildet Paare. ☐ Diskutiert ein Thema/eine Meinung, indem ihr eine Pro- oder Kontra-Position dazu einnehmt. ☐ Auf ein äußeres Signal wechselt ihr – auch mitten im Satz – die Position, indem ihr den Gedankengang eures/r Diskussionspartners/-partnerin fortführt. ☐ Diskutiert so bis zum nächsten Wechselsignal.	
■ Runder Tisch	☐ Bildet (Sechser-) Gruppen. ☐ Oben auf eurem Arbeitsblatt steht das Thema/eine bestimmte Meinung. ☐ Darunter notiert der/die Erste ein Pro- oder Kontra-Argument und einen Beleg/ein Beispiel und gibt das Blatt weiter. ☐ Zum Schluss werden die Argumentationen kurz besprochen.	

Fishbowl-Diskussion

- Im Innenkreis (in der „Fishbowl") sitzen die Diskutierenden und die Diskussionsleitung.
- Hier stehen auch ein leerer Pro- und ein leerer Kontra-Stuhl. Darauf darf sich setzen, wer aus dem Außenkreis zeitweilig mitdiskutieren möchte.
- Den Außenkreis bildet eine Beobachterrunde.

Beobachtungsbogen Diskussion

		Argumentation				
		++	+	–	– –	
Thesen	klar					unklar
Argumente	überzeugend					nicht überzeugend
Beispiele	passend					unpassend

		Verhalten				
		++	+	–	– –	
Körpersprache	ruhig					übertrieben
Stimme	verständlich					aggressiv, unverständlich
Fairness	rücksichtsvoll					rücksichtslos

Debatte

Sie ist eine geregelte Form der Diskussion (Streitgespräch), in der eine strittige Frage diskutiert und am Ende entschieden wird.

- Gruppen mit unterschiedlichen Positionen zur zentralen Debattenfrage sitzen sich gegenüber.
- Die Diskussion wird von einem/einer **Moderator/in** geleitet.
- Die Moderation eröffnet die Debatte, indem sie die Gruppen zu einer kurzen Stellungnahme („Statement") zum Thema auffordert.
- Sie erteilt das Wort und ermuntert allzu ruhige Teilnehmer/innen, ihre Meinung zu äußern.
- Sie achtet darauf, dass beide Parteien in gleicher Weise zu Wort kommen.
- Sie achtet auf die ▶ Diskussionskultur und erinnert gegebenenfalls freundlich an die Einhaltung der Gesprächsregeln. ▶ S. 152
- Sie fasst zwischendurch Beiträge zusammen, wenn Wichtiges gesagt worden ist.
- Wenn die Diskussion ins Stocken gerät, sollte die Moderation einen Anstoß geben; zum Beispiel das Gespräch mit einer herausfordernden Frage voranbringen.
- Die Moderation bleibt inhaltlich aber neutral, sie äußert ihre eigene Meinung nicht.
- Sie fasst das Diskussionsergebnis am Schluss zusammen.

Podiumsdiskussion

Eine Podiumsdiskussion findet unter Expert/inn/en vor einem Publikum statt, das unter Umständen Fragen stellen und mitdiskutieren darf.
Ein bis zwei Moderator/inn/en sorgen für einen reibungslosen Ablauf.

- Die Moderation nennt das Thema und stellt kurz die Expert/inn/en vor.
- Alle Experten umreißen in einer knappen Feststellung („Statement") ihre Position zum Thema und führen eine Diskussion darüber.
- Die Moderation bittet anschließend das Publikum um Fragen und Stellungnahmen gegenüber der Expertenrunde.
- Sind alle wichtigen Fragen und Probleme angesprochen worden, beendet die Moderation die Veranstaltung, indem sie die wesentlichen Erkenntnisse zusammenfasst.

6 Anhang

Wortregister

A
aa 89
ä/e 88
Ableitung 118
Abschlussbericht 12
Account 82
Adjektiv 101
adressatengerecht
  sprechen 150
Adverb 109
adverbiale
  Bestimmung 101, 113
AIDA 80
Akkusativ 100
Akkusativobjekt 113
Akt 57 f.
Aktiv 105
Alias 82
Alliteration 40
allwissendes
  Erzählen 49

Alphabet 86
analysieren 31
Anapher 40
Anekdote 43
Anglizismus 125
Anredepronomen 19, 92
Apostroph 97
Appell 40
Apposition 114
Arbeitsmethode 128
Arbeitsplatz 128
Arbeitstechnik 128
Arbeitszimmer 128
Argumentation 26, 154
Argumente finden 154
Argumentkarte 153
Aristotelisches
  Theater 58
Artikel 100
Artikelprobe 91
Attribut 101, 114
äu/eu 88
Aufforderungssatz 111

Aufgabenheft 128
Aufgabentyp 131
Aufklärung 62
auktoriales Erzählen 49
Ausrufezeichen 19
Aussagesatz 111
Außensicht 49
Auswahlantwort 131

B
b/p 88
Balkendiagramm 135
Ballade 52, 64
Bänkelsang 53
Barock 61
Beamer 144
Bedeutung 120
Bedeutungs-
  wörterbuch 120, 127
Befehlsform 103
Befehlssatz 111
Begleiter 100
Begriff 122

Begründung 26
Behauptung 26
Beispiel 26
Beleg 26
Bericht 76
berichten 9
beschreiben 13
besitzanzeigendes
  Fürwort 102
bestimmter Artikel 100
Bestimmungswort 118
Bestseller 73
Bewerbung(s-
  schreiben) 21
Bewerbungsgespräch 24
Beziehungsebene 122
Bibliothek 138
Biedermeier 65
Bild, sprachliches 40, 81,
  121
Bildbeschreibung 17
Bildergeschichte 9
Bing 139

6 Anhang – Wortregister

Blog 83
Brainstorming 137
Brief schreiben 19

C
CD-Player 144
Charakteristik 15
Chat 83
Cluster 137
Computer 144
Computer-Rechtschreibung 87

D
d/t 88
Daktylus 56
das/dass 90
Dativ 100
Dativobjekt 113
Datum 19
DDR-Literatur 71
debattieren 155
Dehnungs-*h* 89
deklinierbar 98
deklinieren 100
Demonstrativpronomen 102
Diagramm 135
Dialekt 4, 124
Dialog 58
direkte Rede 97
diskontinuierlicher Text 135
Diskussion 25
Diskussionskultur 152
diskutieren 152
Dokumentarfilm 78
Doppelkonsonant 89
Doppelvokal 89
Drama 57
Drehbuch 78
dritte Seite 21
dritter Fall 100

E
e/ä 88
ee 89
Eigenname 99
Eigenschaftswort 101
einfacher Satz 111
Einschaltquote 80
Einschätzungsfrage 149
Einsetz-Aufgabe 132
Einstellungsgröße 79, 81
Einstiegsfrage 149
Einzahl 99

E-Mail 20, 83
Empfindsamkeit 62
Enjambement 56
Entscheidungsfrage 149
Epik 43
Episches Theater 58
Ereignisbericht 10
Ergänzung 112
Ergänzungsfrage 111
Ergebnisprotokoll 12
Erklärgrafik 135
Erlebnislyrik 51, 63
erlebte Rede 50
erörtern 26
Ersatzprobe 147
erster Fall 100
erweiterter Infinitiv 117
Erweiterungsprobe 147
erzählen 5
Erzählkern 7
Erzählperspektive 48
Erzählung interpretieren 31
etymologisches Wörterbuch 127
eu/äu 88
Euphemismus 124
Exilliteratur 71
Exposition 57
Expressionismus 68
Eyecatcher 81

F
f/v/ph 91
Fabel 45, 62
Facebook 82
Fachwort 81, 124
Fall 100
Farbwörter 93
Fehlerbogen 84
Femininum 99
Fernsehen 78
Fernsehwerbung 80
Film 78
Filmsequenz 78
Filmszene 78
Finalsatz 116
finite Verbform 103
Fishbowl-Diskussion 154
Folie 144
Forum 83
Fragefürwort 102
Fragesatz 111
Frage-Typ 149
Free-TV 80

frei erörtern 27
Fremdwort 81, 124
Fremdwörterbuch 120
Froschperspektive 79, 81
Fünf-Schritt-Lesemethode 134
Fürwort 101
Futur I/II 104

G
g/k/ch 88
Gedankenlyrik 52
Gedicht interpretieren 34
Gedichte 50
Gegenschuss 79
Gegenstandsbeschreibung 13
Gegenwart 103
gemischte Verben 105
Genitiv 100
Genitivattribut 114
Genitivobjekt 113
Geschäftsbrief 20
Geschichte interpretieren 31
Geschlecht 99
Gespräch untersuchen 122
Gesprächsanalyse 122
Gesprächsregeln 25
Gestik 58
Getrennt-/Zusammenschreibung 94
gezieltes Lesen 133
Glosse 76
Google 139
Grafik 135
grammatisches Geschlecht 99
Groß-/Kleinschreibung 91
Großstadtlyrik 51
Grundform 103
Grundstufe 101
Grundwort 118
Gruppenarbeit 146

H
h 89
Haiku 53
Handout 144
Handy 82
Hauptsatz 115
Hauptwort 99
Hausaufgabe 128

Hausaufgabenheft 128
Heft 128
Herkunftswörterbuch 127
Hilfsverb 103
hinweisendes Fürwort 102
Hochsprache 124
Höchststufe 101
Höhepunkt 5, 57
Höherstufe 101
Homonym 121
Hörbuch 73
Hörprotokoll 151
Hörspiel 77
Hörtechnik 151
Hymne 53, 64

I
i 90
Ich-Erzählung 48
Ideen sammeln 137
IM 83
Imperativ 40, 103
Imperativsatz 111
Imperfekt 103
Impressionismus 67
improvisieren 59
Indefinitpronomen 102
Indikativ 106
indirekte Rede 108
infinite Verbform 103
Infinitiv 103
Infinitivsatz + Komma 96
Infinitivsatz 117
Informationen sammeln 138
Inhaltsangabe 18
Inhaltsebene 122
Innensicht 49
innerer Monolog 49
Inszenierung 59
intensives Lesen 133
Internet 82, 138
interpretieren 31
Interrogativpronomen 102
Interrogativsatz 111
Interview 76, 148
Ironie 40

J
Ja-/Nein-Frage 149
Jambus 56
Jugendsprache 4, 81, **124**

157

K

k/g/ch 88
Kalendergeschichte 43
Kameraeinstellung 79, 81
Kameraperspektive 79, 81
Karteikarte 130, 143
Kasus 100
Katalog 138
Kausalsatz 116
Killerphrase 153
Klassenarbeit 128
Klassik 63
Klein-/Groß-
 schreibung 91
Klimax 40
Klischee 124
Kommasetzung 96
Kommentar 76
Komödie 59
Komparation 101
Komparativ 101
Kompositum 118
Konditionalsatz 116
konjugierbar 98
konjugieren 103
Konjunktion 111
Konjunktiv 106
konkrete Poesie 53
Konnotation 40, 81, **121**
Konsekutivsatz 116
Kontra-Argument 28
kontrovers erörtern 28
Kreuzreim 55
Kugellager 151
Kulisse 59
Kurvendiagramm 135
Kurzantwort-
 Aufgabe 132
kurze Vokale 89
Kurzgeschichte 46

L

Ländername 93
lange Vokale 89
langes *i* 90
Layout 74
Lead-Stil 74
Lebenslauf 23
Leitartikel 76
Lerntagebuch 131
Leserbrief 30
Lesestrategie 133
Lesetagebuch 136
Lesetechnik 133

Lexikon 138
Liebeslyrik 51, 61, 63
Lied 54
linear erörtern 27
Literarische Moderne 67
Literaturnobelpreis 73
Literaturpreis 73
Literaturverfilmung 73
Lokalsatz 116
Lügengeschichte 45
Lustspiel 57
Lyrik 34, 50
lyrisches Du 56
lyrisches Ich 56

M

männlich 99
Manuskript 143
Märchen 44, 65
Maskulinum 99
Matching-Aufgabe 132
Medien 74, 141
Mehrzahl 99
Meldung 76
Metapher 40, 81, **121**
Methode 128
Metrum 56
Mimik 58
Mind-Map 137
Mittelwort 103
Modalverb 109
Moderation 155
Moderne 67
Modus 106
Monolog 58
Montage 79
Moritat 53
Multiple-Choice-
 Aufgabe 131
Mundart 4, 124
mündlicher Sprach-
 gebrauch 4

N

nacherzählen 7
Nachricht 76
Nachschlagewerk 120
Nachsilbe 118
Namenschreibung 93
Nationalhymne 53
Naturalismus 67
natürliches
 Geschlecht 99
Naturlyrik 51, 63
nebenordnende
 Konjunktion 111

Nebensatz 115
neue Medien 74
Neutrum 99
Nobelpreis 73
Nomen 99
Nominalisierung 92
Nominativ 100
nonverbal 123
Novelle 46, 64
Numerus 99, 103

O

Oberbegriff 122
Objekt 112
Ode 53
oder + Komma 96
offizieller Brief 20
Online-Bewerbung 24
Online-Lexikon 138
Online-Zeitung 74
oo 89
Ortsangabe + Komma 96
Overheadprojektor 144

P

p/b 88
Paarreim 55
Panorama 79
Pantomime 59
Parabel 47
Parallelismus 40
Parodie 54
Partizip I/II 103
Passiv 105
Pay-TV 80
PC 144
PC-Rechtschreibung 87
Perfekt 104
Peripetie 57
personales Erzählen 48
Personalform 103
Personalpronomen 101
Personen-
 beschreibung 14
Personifikation 121
persönlicher Brief 19
persönliches
 Fürwort 101
Perspektive 48, 79
ph/v/f 91
Ping-Pong-Erörterung 28
Place-Mat-Methode 137
Plakat 144
Plural 99
Pluralprobe 91
Plusquamperfekt 104

Podiumsdiskussion 155
Pointe 43
politische Lyrik 52, 61
politische Rede 38
Pop-Literatur 72
Portfolio 141
Positiv 1010
Possessivpronomen 102
Posting 83
Postmoderne 71
PowerPoint 144
Prädikat 112
Prädikativ 101, 112
Präfix 118
Praktikumsbericht 11
Präposition 110
Präpositionalobjekt 113
Präsens 103
präsentieren 144, 146
Präteritum 103
Printmedien 74
Pro-Argument 28
Proben 147
Product-Placement 80
Projekt 146
Projekt Gutenberg 138
Projektor 144
Pronomen 101
Prosa 31, 43
Protagonist 58
protokollieren 12

Q

Quelle angeben 30

R

Radio 77
Ranking 139
Realismus 67
recherchieren 138
Rechtschreib-
 fehlerbogen 84
Rechtschreibkartei 87
Rechtschreib-
 wörterbuch 120
Rede analysieren 38
referieren 142
Reflexivpronomen 102
Reformation 61
Refrain 55
Regie 59
Reim 55, 81
Reisebericht 76
Relativpronomen 102, 117
Relativsatz 117

Relativsatz + Komma 96
Reportage 76
Requisite 59
Ressort 74
Rezension 76
rhetorische Figur 40, 81
Rhythmus 56
Richtig-Falsch-
  Aufgabe 132
Rolle 58, 150
Roman 47, 61
Romantik 64
rückbezügliches
  Fürwort 102
Rundfunk 77

S
sächlich 99
Sachtext analysieren 41
Sage 46, 61, 65
Sanduhr-Erörterung 28
Satire 47
Satzart 111
Satzaussage 112
Satzergänzung 112
Satzgefüge 115
Satzgefüge + Komma 96
Satzgegenstand 112
Satzglied 112
Satzgliedfrage 113
Satzreihe 115
Satzreihe + Komma 96
satzwertiger
  Infinitiv 117
Säulendiagramm 135
Schaubild 135
Schauspiel 57
Schauspiel
  interpretieren 36
Schelmengeschichte 45
Schlagwort 40, 124
Schnitt 79
Schreibkonferenz 148
schriftlicher Sprach-
  gebrauch 4
Schriftsprache 124
Schulbibliothek 140
Schulbuch 140
schülerVZ 82
Schulheft 128
Schuss 79
schwache Verben 105
Schwank 45
Sequenz 78
Shortstory 46
Silbentrennung 88, 120

Singular 99
s-Laut 90
Slogan 81
Smartphone 82
SMS 82
Sonett 54, 61
Song 54
soufflieren 59
Spielfilm 78
Sponsoring 80
Spotseite 21
Spott 40
Sprachbezeich-
  nungen 93
Sprachvariante 124
Sprachwandel 126
ss 90
ß 90
Stadtlyrik 51
Standardsprache 124
starke Verben 105
steigernd erörtern 27
Steigerung 101
Storyboard 79
Straßennamen 93
Strophe 55
Stunde null 71
Sturm und Drang 63
Subjekt 112
Substantiv 99
Suchmaschine 139
Suffix 118
Superlativ 101
Synonym 121
Szene 36, 57, 78

T
t/d 88
Tabelle 135
Tagesbericht 11
Talking to the text 134
Tätigkeitswort 103
Teamarbeit 146
Temporalsatz 116
Tempus 103
Terminkalender 128
Textanalyse 31
textgebunden
  erörtern 29
Textüberarbeitung 147
Theater 36, 57
These 26
Thesenpapier 144
Tierbeschreibung 15
Tortendiagramm 135
Totale 79

Tragödie 59
Trauerspiel 57
Trochäus 56
Trümmerliteratur 71
Twitter 82

U
Überblendung 79
überfliegendes
  Lesen 133
umarmender Reim 55
Umfrage 148
Umgangssprache 4, 81, **124**
Umstandsbestim-
  mung 113
Umstandswort 109
Umstellprobe 147
unbestimmter
  Artikel 100
unbestimmtes
  Fürwort 102
und + Komma 96
Unfallbericht 10
Unterbegriff 122
unterordnende
  Konjunktion 111
Unterrichtsprotokoll 13

V
v/f/ph 91
v/w 91
Verb 103
verbal 123
Verfremdungseffekt 58
Vergangenheit 103
Vergleich 40, 81, **121**
Verhältniswort 110
Verlaufsprotokoll 13
Vers 56
Versmaß 56
Videochat 83
vierter Fall 100
visuelle Poesie 53
Vogelperspektive 79, 81
Volkslied 54, 63
vollendete Gegen-
  wart 104
Vorgangs-
  beschreibung 16
Vorgangspassiv 106
Vormärz 65
Vorsilbe 118
Vorstellungs-
  gespräch 24
Vortrag 142, 145
Vorvergangenheit 104

W
w/v 91
Wegbeschreibung 13
Weglassprobe 147
weiblich 99
welches-Probe 90
Wem-Fall 100
Wen-Fall 100
Werbefilm 78
Werbung 80
Wer-Fall 100
Wessen-Fall 100
W-Frage 9
Wikipedia 138
Wortarten 98
Wortbaustein 118
Wortbedeutung 120
Wortbildung 118
Wörterbuch 86, 120
Wörterbuchartikel 120
Wortfamilie 119
Wortfeld 121
wörtliche Rede 97
Wortspiel 40, 81
Worttrennung 88

Z
Zeichensetzung 96
Zeilensprung 56
Zeitangabe +
  Komma 96
Zeitform 103
Zeitung 74
Zeitungsbericht 76
Zeitungskommentar 76
Zeitungsmeldung 76
Zeitungsressort 74
zitieren 30
Zoom 79
zuhören 150
Zukunft 104
Zuordnungs-
  Aufgabe 132
Zusammen-/Getrennt-
  schreibung 94
zusammenfassen,
  Inhalte 18
zusammengesetzer
  Satz 115
Zusammensetzung 118
Zustandspassiv 106
zweiter Fall 100

6 Anhang – Text- und Bildquellen

Textquellen

S. 31 u. 48 Julia Franck: Streuselschnecke. Dumont Verlag, Köln 2000 (= Bauchlandung. Geschichten zum Anfassen)
S. 36 Bertolt Brecht: Mutter Courage und ihre Kinder. Suhrkamp Verlag, Frankfurt a. M. 1967 (= Gesammelte Werke 4)
S. 38 Bundestagsrede. Aus: Loriot, Gesammelte Prosa. Diogenes Verlag, Zürich, 2006
S. 41 Urs Gasser: Surfen macht schlau. Frankfurter Allgemeine Sonntagszeitung, 25.01.2009
S. 43 Bertolt Brecht: Kalendergeschichten. Suhrkamp Verlag, Frankfurt a. M. 2003
S. 46 Wolfgang Borchert: Das Brot. Rowohlt Verlag, Reinbek 1959
S. 46 Siegfried Lenz: Schweigeminute. Hoffmann und Campe, Hamburg 2008
S. 47 Otfried Preußler: Krabat. Thienemann Verlag, Stuttgart und Wien 1981
S. 48 Chloë Rayban: Models. Bertelsmann Verlag, München 1999
S. 48 Myron Levoy: Ein Schatten wie ein Leopard. (Übs. E. Epple) Arena Verlag, Würzburg 1989
S. 49 Patrick Süskind: Das Parfum. Diogenes Verlag, Zürich 1994
S. 49 Felix Huby: Barfuß im Sand. Rowohlt Verlag, Reinbek 1990
S. 49 Margret Steenfatt: Im Spiegel. Beltz & Gelberg Verlag, Weinheim 1984
S. 49 Susanne Koppe: Die Armee der schwarzen Soldaten. Beltz & Gelberg Verlag, Weinheim 1988 (= Die Erde ist mein Haus)
S. 50 James Joyce: Eveline. (Übs. G. Goyert). Fischer Verlag, Frankfurt a.M. 1953
S. 50 Bertolt Brecht: Kinderhymne. Aufbau u. Suhrkamp Verlag, Berlin u. Frankfurt a. M. 1988 (= Werke 11)
S. 51 Erich Kästner: Besuch vom Lande. Atrium Verlag, Zürich 1983 (= E. K. für Erwachsene)
S. 52 Ingeborg Bachmann: Reklame. Piper Verlag, München 1978 (= Werke 1)
S. 52 Marie Luise Kaschnitz: Hiroshima. Suhrkamp Verlag, Frankfurt a. M. 1985 (= Gesammelte Werke 5)
S. 53 Eugen Gomringer: Schweigen. edition splitter, Wien 1995
S. 54 Robert Gernhardt: Materialien zu einer Kritik. Deutscher Taschenbuch Verlag, München 2001 (= Deutsche Lyrik von den Anfängen bis zur Gegenwart)
S. 54 Reinhard Mey: Über den Wolken. edition reinhard mey GmbH, Berlin
S. 55 Vera Ferra-Mikura: Der Papierdrachen. Jungbrunnen, Wien 1989
S. 56 Christine Busta: Die Frühlingssonne. Otto Müller Verlag, Salzburg 1958
S. 56 Ingeborg Bachmann: Erklär mir, Liebe. Piper Verlag, München 1978 (= Werke 1)
S. 60 Franz Fühmann: Das Nibelungenlied. Verlag Neues Leben, Berlin 1971
S. 68 Else Lasker-Schüler: Mein blaues Klavier. Jüdischer Verlag, Frankfurt a. M. 1996
S. 77 Günter Eich: Träume. Suhrkamp Verlag, Frankfurt a. M. 1973 (= Gesammelte Werke 2)

Bildquellen

S. 4, 42, 57, 58, 59, 74, 84, 98, 125, 128, 156: Thomas Büchner, Berlin
S. 9: aus: e. o. plauen „Vater und Sohn" in Gesamtausgabe Erich Ohser © Südverlag GmbH, Konstanz, 2000; www.wikipedia.org
S. 13: Volkhard Binder, Berlin
S. 14: © Kalim – Fotolia.com
S. 15, 63 links, 66 Mitte: akg-images
S. 17: akg-images/ Jean-Louis Nou
S. 18: „Bauchlandung" von Julia Franck © Deutscher Taschenbuch Verlag GmbH & Co. KG, Umschlagfoto: plainpicture/ Schneider, München 2002
S. 21, 23, 29, 142, 148: Thomas Schulz, Teupitz
S. 36: ullstein bild – Willy Saeger
S. 38, 40: Caro/ Baertels
S. 41: Picture-alliance/ All Canada Photos
S. 43 links: Tausendundeine Nacht, aus dem Arabischen von Max Henning, bearbeitet von Hans W. Fischer, © 1994 Diogenes Verlag AG Zürich;
S. 43 rechts: Tintenherz von Cornelia Funke, © Cecilie Dressler Verlag GmbH, Verlag Friedrich Oetinger GmbH, Hamburg 2003
S. 45: Orient Verlag OV GmbH, Trier
S. 47: Deutschen Taschenbuch Verlag GmbH & Co. KG, Umschlagbild: Herbert Holzing, München 2008
S. 48: Myron Levoy: Ein Schatten wie ein Leopard. Umschlaggestaltung: Jorge Schmidt und Tabea Dietrich unter Verwendung eines Fotos von Jan Roeder, dtv-pocket, Deutscher Taschenbuch Verlag GmbH & Co. KG, München 1992
S. 60 oben: Eberhard und Elfriede Binder, Linolschnitte aus: Franz Fühmann, Das Nibelungenlied © Verlag Neues Leben, Berlin 1971
S. 60 Mitte: Christina Bauer, Berlin
S. 60 unten: Deutschen Taschenbuch Verlag GmbH & Co. KG, München 2008
S. 62 links, rechts, 66 unten: Bildarchiv Preußischer Kulturbesitz
S. 62 Mitte: ullstein bild
S. 63 rechts: picture-alliance / ZB
S. 64: VG Bildkunst, Bonn 2011
S. 65: akg-images
S. 66 oben: bpk | Hamburger Kunsthalle | Elke Walford
S. 68 Mitte: Schiller-Nationalmuseum/ Deutsches Literaturarchiv Marbach
S. 68 unten: © Jüdischer Verlag im Suhrkamp Verlag
S. 70 oben: © Akademie der Künste, Berlin, Anna-Seghers-Archiv/ VG Bild-Kunst, Bonn 2011
S. 70 Mitte: ullstein bild – ullstein bild
S. 70 unten: Deutscher Taschenbuch Verlag GmbH & Co. KG, Umschlagbild: ›Evening Meadow‹ (1987) von Wolf Kahn, München 1973
S. 72 oben: Suhrkamp Verlag, Berlin 2008
S. 72 Mitte: Fischer Taschenbuch Verlag, Frankfurt/M. 2001
S. 72 unten: Peter Peitsch / peitschphoto.com
S. 73: © Ullstein Buchverlage GmbH, Berlin 2011
S. 75 oben: picture-alliance/ ka
S. 75 Mitte, unten, 118: picture-alliance/ dpa
S. 78: © PUBLICIS Franfurt GmbH/ Renault Deutschland AG
S. 80: TV-yesterday
S. 82: www.schuelervz.net
S. 138: www.wikipedia.og/ Wikimedia Deutschland e.V., Berlin
S. 139: www.google.de

Redaktion: Otmar Käge
Illustrationen: Klaus Müller; Bianca Schaalburg (S. 44, 141); Klaus Ensikat (S. 53, 68, 77, 126 f.); Nina Pagalies (S. 31); Isabel Große Holtforth (S. 86); Mone Schliephacke (S. 79)
Umschlaggestaltung: Klein & Halm Grafikdesign, Berlin
Layout und technische Umsetzung: Buch und Gestaltung, Britta Dieterle

www.cornelsen.de

Soweit in diesem Lehrwerk Personen fotografisch abgebildet sind und ihnen von der Redaktion fiktive Namen, Berufe, Dialoge und Ähnliches zugeordnet oder diese Personen in bestimmte Kontexte gesetzt werden, dienen diese Zuordnungen und Darstellungen ausschließlich der Veranschaulichung und dem besseren Verständnis des Inhalts.

Die Links zu externen Webseiten Dritter, die in diesem Lehrwerk angegeben sind, wurden vor der Drucklegung überprüft. Der Verlag übernimmt keine Gewähr für die Aktualität und den Inhalt dieser Seiten oder solcher, die mit ihnen verlinkt sind.

1. Auflage, 5. Druck 2025

© 2011 Cornelsen Verlag, Berlin
© 2016 Cornelsen Verlag GmbH, Mecklenburgische Str. 53, 14197 Berlin,
E-Mail: service@cornelsen.de

Das Werk und seine Teile sind urheberrechtlich geschützt. Jede Nutzung in anderen als den gesetzlich zugelassenen Fällen bedarf der vorherigen schriftlichen Einwilligung des Verlages. Hinweis zu §§ 60 a, 60 b UrhG: Weder das Werk noch seine Teile dürfen ohne eine solche Einwilligung an Schulen oder in Unterrichts- und Lehrmedien (§ 60 b Abs. 3 UrhG) vervielfältigt, insbesondere kopiert oder eingescannt, verbreitet oder in ein Netzwerk eingestellt oder sonst öffentlich zugänglich gemacht oder wiedergegeben werden.
Dies gilt auch für Intranets von Schulen und anderen Bildungseinrichtungen. Der Anbieter behält sich eine Nutzung der Inhalte für Text- und Data-Mining im Sinne § 44 b UrhG ausdrücklich vor.

Druck: Drukarnia Dimograf Sp. z o.o., Bielsko-Biała

PEFC-zertifiziert
Dieses Produkt stammt aus nachhaltig bewirtschafteten Wäldern und kontrollierten Quellen
PEFC/32-31-076   www.pefc.pl